# De kracht van het NU in de praktijk

Eerder verscheen van Eckhart Tolle
bij Uitgeverij Ankh-Hermes:

*De kracht van het NU* (20e)
*De stilte spreekt* (6e )
*50 inspiratiekaarten voor meditatie*
gebaseerd op *De kracht van het Nu* (4e)
*50 inspiratiekaarten voor meditatie*
gebaseerd op *De stilte spreekt* (2e)
*Een nieuwe aarde* (9e)
*Eckhart Tolle's Findhorn retraite (met 2 dvd's, Nederlands ondertiteld)* (4e)
*Pepijns geheim* (2e)

www.ankh-hermes.nl

Eckhart Tolle

# De kracht van het NU in de praktijk

Dertiende druk

Uitgeverij Ankh-Hermes bv – Deventer

Oorspronkelijke titel: *Practicing The Power of Now*. Het materiaal van dit boek is grotendeels afkomstig uit *De kracht van het NU* (2001) eveneens uitgegeven door New World Library, Novato (Ca), Verenigde Staten

Eerste druk april 2002
Tweede druk juni 2002
Derde druk oktober 2002
Vierde druk maart 2003
Vijfde druk september 2003
Zesde druk mei 2004
Zevende druk november 2004
Achtste druk augustus 2005
Negende druk april 2006
Tiende druk februari 2007
Elfde druk december 2007
Twaalfde druk september 2008
Dertiende druk augustus 2009

Vertaling: Peter Roelofsen

Zie voor informatie over gesprekken, satsangs, intensieve samenkomsten, retraites en meditaties met Eckhart Tolle: www.eckharttolle.com of www.namastepublishing.com

CIP-gegevens
ISBN: 978-90-202-8269-6
NUR: 720
Trefwoord: spiritualiteit / verlichting

# Inhoud

Het begin van vrijheid is het besef
dat je niet 'de denker' bent.
Op het moment dat je de denker gaat waarnemen,
wordt er een hoger bewustzijnsniveau actief.
Je begint dan te beseffen dat zich boven het denken
een geweldig gebied van intelligentie uitstrekt en dat
het denken niet meer is dan een nietig onderdeel van
die intelligentie.
Je beseft ook dat alle dingen die echt belangrijk zijn,
zoals schoonheid, liefde, creativiteit, vreugde,
innerlijke vrede, uit iets voortkomen dat het verstand
te boven gaat.

Je begint te ontwaken.

# Inleiding door Eckhart Tolle

Sinds zijn verschijning in 1997 heeft *The Power of Now* (*De kracht van het NU*, 2001) veel meer invloed gehad op het collectieve onbewuste van de planeet dan ik had *kunnen* bedenken. Het is in vijftien talen vertaald en ik krijg dagelijks post van over de hele wereld van lezers die me vertellen dat hun leven door de lessen uit dit boek zo is veranderd.

Hoewel de effecten van de krankzinnigheid van het ikzuchtige verstand nog overal zichtbaar zijn, is er wel degelijk iets nieuws aan het ontstaan. Nooit eerder zijn zoveel mensen bereid geweest zich te bevrijden uit collectieve denkpatronen die de mensheid al sinds onheuglijke tijden aan het lijden geklusterd houden. Een nieuwe bewustzijnstoestand breekt baan. We hebben genoeg geleden! Op dit moment komt het ook in jou op, nu je dit boek in je handen hebt en deze regels leest over de mogelijkheid om het bevrijde leven te leiden waarin je jezelf en andere mensen niet meer laat lijden.

Veel lezers die me schreven, gaven te kennen dat ze de praktische aspecten van de lessen uit *De kracht van het NU* graag in een toegankelijker vorm beschikbaar zouden zien komen om ze in hun dagelijkse leven te kunnen gebruiken. Dat verzoek is de aanleiding geworden voor dit boek.

Behalve de opdrachten en oefeningen bevat dit boek echter

ook een aantal korte passages uit het oorspronkelijke werk om je te herinneren aan bepaalde ideeën en concepten en om te dienen als leesboek waardoor je elke dag aan die concepten kunt werken.

Veel van die passages zijn bijzonder geschikt om op een meditatieve manier gelezen te worden. Wanneer je het meditatieve lezen beoefent, lees je niet in de eerste plaats om kennis op te doen maar om al lezend in een andere bewustzijnstoestand te raken. Daarom kun je dezelfde passage een groot aantal keren herlezen terwijl die elke keer weer als fris en nieuw aanvoelt. Alleen woorden die zijn opgeschreven of uitgesproken in een toestand van aanwezigheid, hebben dat herscheppende vermogen, het vermogen om aanwezigheid bij de lezer op te wekken.

Het is het beste om die passages langzaam te lezen. De ene keer wil je even een pauze houden en een moment stille reflectie of stilte inlassen. Een andere keer sla je het boek misschien op een willekeurige bladzijde open en lees je een paar regels.

Dit boek kan ook dienen als inleiding voor de lezers die *De kracht van het NU* overdonderend of ontmoedigend vonden.

Eckhart Tolle

# Deel 1

## *Toegang krijgen tot de kracht van het NU*

Als je bewustzijn
naar buiten gericht is,
komen verstand en wereld op.
Als het naar binnen gericht is,
wordt het zich bewust van zijn eigen Bron
en gaat het terug naar huis, naar het
Ongemanifesteerde.

# 1. Zijn en verlichting

Er gaat een eeuwig, altijd aanwezig Ene Leven schuil achter de ontelbare aan geboorte en dood onderworpen levensvormen. Veel mensen gebruiken het woord 'God' om dat te beschrijven; ik noem het vaak 'Zijn'. Het woord 'Zijn' verklaart niets, maar dat doet 'God' ook niet. 'Zijn' heeft echter het voordeel dat het een open concept is. Het brengt het oneindige onzichtbare niet terug tot een eindige entiteit. Het is onmogelijk je er een mentaal beeld van te vormen. Niemand kan het exclusieve bezit van Zijn opeisen. Het is je hele wezen en is onmiddellijk toegankelijk voor je als het gevoel van je eigen aanwezigheid. Het is dus maar een kleine stap van het *woord* 'Zijn' naar de *ervaring* van Zijn.

> Zijn staat niet alleen achter al die levensvormen, maar is ook in elke levensvorm aanwezig als het binnenste onzichtbare en onvernietigbare wezen ervan. Dat betekent dat het op dit moment voor jou toegankelijk is als je diepste zelf, je ware aard. Maar probeer het niet met je verstand te grijpen. Probeer niet het te begrijpen.
> Je kunt het alleen kennen als het verstand zwijgt. Als je aanwezig bent, als je met je aandacht hele-

maal en heel intens gericht bent op het Nu, kun je Zijn voelen, maar je kunt het met je verstand nooit begrijpen.

Het herwinnen van het bewustzijn van Zijn en het verblijven in die toestand van 'voelen-verwezenlijking' is verlichting. Het woord 'verlichting' roept het beeld op van een bovenmenselijke prestatie, en het ego houdt dat graag zo, maar het is gewoon je natuurlijke staat van gevoelde eenheid met Zijn. Het is een toestand van verbondenheid met iets wat onmetelijk en onvernietigbaar is, iets wat, bijna paradoxaal, tegelijk in wezen jij is en toch veel groter is dan jij. Het is het vinden van je werkelijke natuur achter je naam en vorm.
Het onvermogen om die verbondenheid te voelen wekt de illusie op dat je afgesneden bent van jezelf en van de wereld om je heen. Dan zie je jezelf, bewust of onbewust, als een geïsoleerd fragment. Er komt angst in je op, en conflict binnen jezelf en met de buitenwereld wordt de norm.
Het grootste obstakel voor het ervaren van deze werkelijkheid van je verbondenheid is de identificatie met je verstand, waardoor het denken dwangmatig wordt. Niet kunnen ophouden met denken is een afschuwelijke kwelling, maar we beseffen dat niet omdat vrijwel iedereen eraan lijdt, met als gevolg dat we het als normaal beschouwen. Deze onophoudelijke mentale ruis verhindert dat je het rijk van de stilte in je vindt dat onafscheidelijk is van Zijn. Het schept ook een verkeerd, door het verstand voortgebracht zelf dat een schaduw van angst en lijden voor zich uit werpt.
De identificatie met je verstand schept een ondoorzichtig scherm van concepten, etiketten, beelden, woorden, oordelen en definities dat elke echte relatie in de weg staat. Het komt

tussen jou en jezelf, tussen jou en je medemensen, tussen jou en de natuur, tussen jou en God. Het is dit scherm van het denken dat de illusie van afgesneden-zijn schept, de illusie dat er een jij is en een totaal losstaande 'ander'. Dan vergeet je het essentiële feit dat je onder het niveau van fysieke verschijnselen en afzonderlijke vormen één bent met al wat is.
Het verstand is een voortreffelijk instrument als je het goed gebruikt. Bij verkeerd gebruik wordt het echter erg destructief. Nauwkeuriger gezegd, het is niet zozeer zo dat je het verstand verkeerd gebruikt, meestal gebruik je het helemaal niet – het gebruikt jou. Dat is de ziekte. Je gelooft dat jij je verstand bent. Dat is de misvatting. Het instrument heeft je overgenomen.
Het is alsof je zonder dat je het weet bezeten bent, en dus zie je de entiteit die je in bezit heeft genomen aan voor jezelf.

> Het begin van vrijheid is het besef dat je niet die entiteit bent – de denker. Als je dat weet, kun je de denker gaan waarnemen. Op dat moment wordt er een hoger bewustzijnsniveau actief.

Je begint dan te beseffen dat zich boven het denken een geweldig gebied van intelligentie uitstrekt en dat het denken niet meer is dan een nietig onderdeel van die intelligentie. Je beseft ook dat alle dingen die echt belangrijk zijn – schoonheid, liefde, creativiteit, vreugde, innerlijke vrede – uit iets voortkomen dat het verstand te boven gaat. Je begint te ontwaken.

## Bevrijd jezelf van je verstand

Het goede nieuws is dat je je wel degelijk van het verstand kunt bevrijden. Dat is ook de enige ware bevrijding. En je kunt op dit moment al de eerste stap zetten.

> Begin naar de stem in je hoofd te luisteren, zo vaak als je kunt. Besteed vooral aandacht aan zich herhalende gedachtepatronen, die oude grammofoonplaten die misschien al jaren in je hoofd zijn afgedraaid.
> Dat bedoel ik met 'de denker waarnemen', wat een andere manier is om te zeggen: luister naar de stem in je hoofd, wees daar als de toeziende aanwezigheid.
> Als je naar die stem luistert, wees dan onpartijdig. Dat wil zeggen dat je niet oordeelt. Beoordeel of veroordeel niet wat je hoort, want zodra je dat doet, komt dezelfde stem door de achterdeur weer naar binnen. Al snel ga je beseffen: daar is de stem en hier ben ik die ernaar luistert, ernaar kijkt. Dat besef van *ik ben*, dat besef van je eigen aanwezigheid, is geen gedachte. Het komt uit iets voort dat boven het verstand staat.

Dus als je naar een gedachte luistert, ben je je niet alleen bewust van die gedachte, maar ook van jezelf als de getuige van die gedachte. Een nieuwe dimensie van het bewustzijn heeft zich aangediend.

Terwijl je naar de gedachte luistert, voel je een bewuste aanwezigheid – je diepere zelf – als het ware achter of onder de gedachte. De gedachte verliest dan al snel haar macht over je en houdt op doordat je het verstand niet meer van energie voorziet door je ermee te identificeren. Dat is het begin van het einde van onvrijwillig en dwangmatig denken.
Als een gedachte tot zwijgen komt, ervaar je een breuk in de gedachtestroom, een gat van 'niet-denken'. In het begin zijn die onderbrekingen kort, misschien maar een paar seconden. Maar geleidelijk aan worden ze langer. Tijdens zo'n onderbreking voel je een zekere vrede en stilte in jezelf. Dat is het begin van je natuurlijke toestand van eenheid met Zijn als geleefde ervaring, die meestal door het verstand verduisterd wordt.
Door oefening wordt het besef van vrede en stilte dieper. Aan de diepte ervan komt trouwens geen eind. Je voelt ook een subtiele opwelling van vreugde uit je binnenste komen, de vreugde van Zijn.

In deze toestand van verbondenheid met je innerlijk ben je veel alerter, waakzamer dan in de toestand van identificatie met het verstand. Je bent helemaal aanwezig. Deze toestand verhoogt ook de trillingsfrequentie van het energieveld dat leven schenkt aan het stoffelijke lichaam.
Als je dieper doordringt in dit gebied van niet-denken, zoals het in het Oosten soms wordt genoemd, verwezenlijk je de staat van zuiver bewustzijn. In die toestand voel je je eigen aanwezigheid met zo'n intensiteit en vreugde, dat alle denken, emoties, je lichaam en de hele buitenwereld je in verge-

lijking daarmee opeens als nogal onbelangrijk voorkomen. En toch is dat geen zelfzuchtige maar een onbaatzuchtige toestand. Hij voert je voorbij wat je vroeger beschouwde als 'je zelf'. Die aanwezigheid is wat je in wezen bent en is tegelijk onvoorstelbaar veel groter dan jij.

> In plaats van door 'de denker waar te nemen' kun je de gedachtestroom ook doorbreken door je gewoon volkomen te concentreren op het Nu. Word je gewoon intens bewust van het huidige moment.

Dat is iets heel bevredigends om te doen. Op deze manier onttrek je bewustzijn aan de activiteit van het verstand en maak je een gat van niet-denken waarin je in hoge mate alert en bewust bent, maar niet denkt. Dat is de essentie van meditatie.

> Je kunt hier in het dagelijks leven mee oefenen door eens aan een routinehandeling, die normaal gesproken alleen maar een middel is om een doel te bereiken, al je aandacht te schenken, zodat het een doel op zich wordt. Je kunt bijvoorbeeld telkens als je de trap in je huis op- of afloopt, aandacht besteden aan elke stap, elke beweging, zelfs aan je ademhaling. Wees helemaal aanwezig.
> Als je je handen wast, let dan op alle zintuiglijke prikkels die met het handen wassen gepaard gaan: het geluid en het gevoel van het water, de beweging van je handen, de geur van de zeep, enzovoort.
> Als je in je auto stapt, wacht dan na het dichtdoen van het portier een paar seconden en let op je adem-

haling. Word je bewust van een stil maar sterk gevoel van aanwezigheid.
Er is een heel betrouwbaar criterium waarmee je het met deze oefening behaalde succes kunt bepalen: de mate van innerlijke vrede die je voelt.

De allerbelangrijkste stap op de weg naar de verlichting is dus deze: leren de identificatie met het verstand op te geven. Elke keer dat je een gat maakt in de stroom van het denken, wordt het licht van je bewustzijn sterker.
Op een dag valt het je op dat de stem in je hoofd een glimlach teweegbrengt, net zoals je zou glimlachen om de fratsen van een kind. Dat betekent dat je de inhoud van je verstand niet meer zo serieus neemt omdat je gevoel van identiteit er niet meer van afhangt.

## Verlichting: aan het denken ontstijgen

Bij het opgroeien vorm je een mentaal beeld van wie je bent op basis van je persoonlijke en culturele conditionering. We kunnen dit denkbeeldige ik ook het ego noemen. Het bestaat uit mentale activiteit en blijft alleen door voortdurend denken in stand. De term 'ego' betekent verschillende dingen voor verschillende mensen, maar als ik het in deze context gebruik, staat het voor een onecht ik, ontstaan door de onbewuste identificatie met het verstand.
Voor het ego bestaat het huidige moment nauwelijks. Alleen het verleden en de toekomst beschouwt het als belangrijk. Deze totale omkering van de waarheid verklaart het feit dat het verstand in de 'egotoestand' zo slecht werkt. Het is steeds bezig met het levend houden van het verleden, want wat ben

je zonder? Het projecteert zichzelf voortdurend in de toekomst om zijn overleving veilig te stellen en daar naar een soort verlossing of vervulling te zoeken. Het zegt: 'Op een dag, als dit of dat gebeurt, gaat het goed met me, ben ik gelukkig, heb ik vrede.'

Zelfs als het ego zich een keer met het heden lijkt bezig te houden, ziet het niet het heden: het ziet het heden totaal verkeerd omdat het ernaar kijkt door de ogen van het verleden. Of het brengt het heden terug tot een middel waarmee het een bepaald doel wil bereiken, een doel dat altijd in de door het verstand geprojecteerde toekomst ligt. Observeer je verstand maar eens, dan merk je wel dat het zo werkt.

Het huidige moment, het Nu, bevat de sleutel tot bevrijding. Maar je kunt het huidige moment niet vinden zolang je je verstand bent.

Verlichting betekent dat je aan het denken ontstijgt. In de staat van verlichting gebruik je het verstand wanneer dat nodig is, maar veel geconcentreerder en effectiever dan daarvoor. Je gebruikt het vooral voor praktische doeleinden, maar bent verlost van de onvrijwillige innerlijke dialoog en er heerst een innerlijke stilte.

Wanneer je het verstand dan gebruikt, en vooral als je een creatieve oplossing zoekt, wissel je om de paar minuten af tussen denken en stilte, tussen verstand en niet-verstand. Niet-verstand is bewustzijn zonder denken. Alleen zo is creatief denken mogelijk, omdat denken alleen op die manier werkelijke kracht heeft. Denken op zichzelf, wanneer het niet verbonden is met het veel ontzagwekkender gebied van het bewustzijn, wordt al snel onvruchtbaar, krankzinnig en destructief.

## Emotie: de reactie van het lichaam op je verstand

Het verstand, in de betekenis die ik eraan geef, omvat niet alleen het denken. De emoties, maar ook alle onbewuste mentaal-emotionele reactiepatronen, behoren ertoe. Een emotie ontstaat op de plaats waar verstand en lichaam elkaar ontmoeten en is de reactie van het lichaam op het verstand; je zou ook kunnen zeggen: een afspiegeling van het verstand in het lichaam.
Hoe meer je je identificeert met je denken, voorkeuren en afkeuren, oordelen en interpretaties, dat wil zeggen, hoe minder je aanwezig bent als het toekijkende bewustzijn, des te sterker de emotionele lading gewoonlijk is, of je je daar nu bewust van bent of niet. Als je je emoties niet kunt voelen, als je ervan afgesneden bent, ervaar je ze uiteindelijk alleen nog lichamelijk, als een lichamelijk probleem of symptoom.

> Als je moeite hebt met het voelen van je emoties, begin dan eens met het vestigen van je aandacht op het inwendige energieveld van je lichaam. Voel het lichaam vanbinnen. Daardoor kom je ook in contact met je emoties.
> Als je je verstand echt wilt kennen, bedenk dan dat het lichaam altijd een getrouwe afspiegeling geeft. Kijk dus naar je emotie, of beter: voel die in je lichaam. Als er een schijnbaar conflict is tussen die twee, is de gedachte altijd de leugen en de emotie de waarheid. Niet de laatste waarheid aangaande wie je bent, maar de relatieve waarheid aangaande je geestesgesteldheid op dat moment.
> Waarschijnlijk kun je de onbewuste hersenactiviteit

nog niet als gedachten in het bewustzijn brengen, maar deze uit zich altijd in het lichaam als een emotie, en van die emotie kun je je wel bewust worden. Het waarnemen van een emotie op deze manier komt in wezen op hetzelfde neer als het luisteren naar of observeren van een gedachte, dat ik hiervoor beschreef. Het enige verschil is dat terwijl een gedachte in je hoofd zit, een emotie een sterke lichamelijke component heeft. Die voel je dus vooral in het lichaam. Je kunt die emotie daar laten zijn zonder je erdoor te laten beheersen. Dan ben je de emotie niet meer; je bent de toeschouwer, de waarnemende aanwezigheid.

Als je daarmee oefent, komt al het onbewuste in je in het licht van het bewustzijn te staan.

Maak er een gewoonte van jezelf te vragen: wat gaat er op dit moment in me om? Die vraag zet je op het goede spoor. Maar analyseer niet, kijk alleen maar. Concentreer de aandacht op je innerlijk. Voel de energie van de emotie.
Als er geen emotie is, ga dan met je aandacht dieper naar binnen in het energieveld van je lichaam. Het is de poort van Zijn.

# 2. Het ontstaan van angst

De psychische toestand van angst staat geheel los van concreet en echt gevaar. Hij komt voor in vele gedaanten: onbehagen, bezorgdheid, benauwdheid, nervositeit, spanning, doodsangst, fobieën, enzovoort. Het gaat bij deze angst steeds om wat er zou kunnen gebeuren, niet om angst voor iets dat nu gebeurt. Jij bent in het hier-en-nu, maar je verstand vertoeft in de toekomst. Dat schept een kloof van angst. En als je je met je verstand identificeert en het contact met de kracht en de eenvoud van het Nu kwijt bent, wordt die kloof van angst je constante metgezel. Je kunt altijd op tegen het huidige moment, maar je kunt niet op tegen iets dat alleen maar een projectie is van je verstand – tegen de toekomst kun je niet op.

Bovendien word je, zolang je je met je verstand identificeert, door je ego geleefd. Vanwege zijn schimmige natuur, en ondanks allerlei uitgekiende verdedigingsmechanismen, voelt het ego zich erg kwetsbaar en onveilig en het heeft steeds het gevoel bedreigd te worden. Dat is trouwens ook het geval als het ego uiterlijk erg zelfverzekerd overkomt. Bedenk nu dat een emotie de lichamelijke reactie is van het lichaam op je verstand. Welke boodschap krijgt het lichaam steeds van het ego, het valse, door het verstand gemaakte zelf? Gevaar, ik word bedreigd. En welke emotie wordt door deze voortdurend herhaalde boodschap opgewekt? Angst natuurlijk.

Er lijken zoveel oorzaken voor angst te zijn. Angst voor verlies, angst om te mislukken, angst om gekwetst te worden, enzovoort, maar uiteindelijk is alle angst terug te voeren op de angst van het ego voor de dood, de vernietiging. Voor het ego loert de dood overal. En in deze toestand van identificatie met het verstand beïnvloedt de angst voor de dood elk aspect van je leven.
Zo is zelfs zoiets als de schijnbaar onbetekenende en 'normale' dwangmatige behoefte om in een discussie gelijk te hebben en de ander in het ongelijk te stellen – de verdediging van de mentale stelling die je hebt ingenomen – het gevolg van de angst voor de dood. Als je je met een bepaalde mentale stellingname identificeert en je krijgt ongelijk, dan wordt je op het verstand gebaseerde zelfbesef met de dood bedreigd. Je kunt het je als ego dus niet veroorloven ongelijk te hebben. Ongelijk hebben is synoniem met doodgaan. Daar zijn oorlogen over gevoerd en ontelbare relaties zijn erop stukgelopen.
Zodra je de identificatie met je verstand hebt laten varen, maakt gelijk of ongelijk krijgen niets meer uit voor je zelfbesef, zodat de sterke dwangmatige en volkomen onbewuste drang om gelijk te krijgen, die in feite een vorm van geweld is, verdwijnt. Je kunt duidelijk of krachtig zeggen wat voor gevoel iets bij je oproept of hoe je ergens over denkt, maar je bent niet meer agressief of defensief. Je ontleent je zelfbesef dan aan iets diepers en ook waarachtigers in jezelf, en niet aan het verstand.

Let op elke vorm van defensief gedrag in jezelf. Wat verdedig je? Een illusoire identiteit, een voorstelling in je hoofd, een fictieve entiteit. Door je van dit patroon bewust te worden, door er getuige van te zijn, verbreek je de identificatie ermee. In het licht van je bewustzijn lost het onbewuste patroon dan snel op.

Dat betekent dan het einde van alle discussies en machtsspelletjes, die relaties zo ondermijnen. Macht over andere mensen is zwakte vermomd als kracht. Werkelijke macht zit vanbinnen en je kunt er op dit moment over beschikken.

Het verstand probeert altijd het Nu te ontkennen en eraan te ontsnappen. Met andere woorden: hoe meer je je met je verstand identificeert, des te meer je lijdt. Je kunt het ook zo zeggen: hoe meer je het Nu kunt erkennen en aanvaarden, des te vrijer je bent van pijn en lijden, en van het ikzuchtige verstand.

Als je geen pijn meer wilt scheppen voor jezelf en voor anderen, als je niets meer wilt toevoegen aan het residu van pijn uit het verleden dat nog in je voortleeft, 'maak' dan gewoon geen tijd meer, of althans niet meer dan nodig is voor de praktische kant van het leven. Hoe houd je op met het 'maken' van tijd?

Gewoon door heel diep te beseffen dat het huidige moment alles is wat je ooit zult hebben. Maak van het Nu het belangrijkste aandachtspunt van je leven. Terwijl je vroeger in de tijd verbleef en af en toe een uitstapje maakte naar het Nu, maak je van het Nu je

woonplaats en maak je af en toe een uitstapje naar verleden en toekomst als dat nodig is voor de praktische kant van je levenssituatie.
Zeg altijd ja tegen het huidige moment.

## Maak een einde aan de illusie van de tijd

Hier is de sleutel: beëindig de illusie van de tijd. Tijd en verstand zijn niet te scheiden. Haal de tijd uit het verstand en het staat stil – tenzij je besluit het te gebruiken.
Identificatie met het verstand betekent dat je in de val van de tijd zit: de dwang om vrijwel helemaal te leven vanuit herinnering en verwachting. Dat schept een eindeloze preoccupatie met verleden en toekomst en een gebrek aan bereidheid het huidige moment te waarderen, te erkennen en het te laten zijn wat het is. Deze dwanggedachte komt bij je op omdat het verleden je een identiteit geeft en de toekomst de belofte van verlossing of bevrediging in wat voor vorm dan ook inhoudt. Maar het zijn allebei illusies.
Hoe meer je je op de tijd concentreert, op verleden en toekomst, des te meer je het Nu mist, het kostbaarste dat er is.
Waarom is het het kostbaarste? Ten eerste omdat het het enige is. Er is niets anders. Het eeuwige heden is de ruimte waarin je hele leven zich ontvouwt, de enige factor die onveranderd blijft. Het leven is nu. Er is nooit een tijd geweest waarin je leven niet nu was, en die komt er ook nooit.
Ten tweede is het Nu het enige dat je uit kan tillen boven de beperkingen van het verstand. Het is de enige manier waarop je toegang kunt krijgen tot het tijd- en vormeloze rijk van Zijn.
Heb je ooit iets ervaren, gedaan, gedacht of gevoeld buiten

het Nu om? Denk je dat je dat ooit kunt? Kan iets eigenlijk wel buiten het Nu om gebeuren? Het antwoord is duidelijk, of niet soms?
Er is in het verleden nooit iets gebeurd; het gebeurde in het Nu.
In de toekomst gebeurt er niets; toekomstige gebeurtenissen vinden plaats in het Nu.
De kern van wat ik hier zeg, kun je met het verstand niet begrijpen. Op het moment dat je het snapt, treedt er een verschuiving op in je bewustzijn van verstand naar Zijn, van tijd naar aanwezigheid in het Nu. En opeens voel je dat alles heel levend is, energie uitstraalt en Zijn uitstraalt.

# 3. Betreed het Nu

Met de tijdloze dimensie komt er een ander soort weten, een dat de geest in elk schepsel en elk ding niet 'doodt'. Een weten dat de heiligheid en het mysterie van het leven niet vernietigt maar een diepe liefde en eerbied heeft voor al wat is. Een weten waarvan het verstand niets weet.

Breek dus met het oude patroon van ontkenning van en verzet tegen het huidige moment. Maak er een oefening van om je aandacht terug te trekken uit verleden en toekomst wanneer je die niet nodig hebt. Stap zoveel als in het dagelijks leven mogelijk is uit de tijdsdimensie.

Als je het moeilijk vindt het Nu direct te betreden, begin dan met het waarnemen van de gebruikelijke neiging van je verstand om aan het Nu te willen ontsnappen. Je stelt dan vast dat de toekomst als beter ofwel als slechter dan het heden wordt voorgesteld. Als de toekomst verbetering lijkt te brengen, vervult dat je met hoop of plezierige verwachtingen. Als die als slechter wordt voorgesteld, word je bezorgd. Maar in beide gevallen gaat het om een illusie.

Door zelfobservatie komt er automatisch meer aanwezigheid in je leven. Op het moment dat je beseft dat je niet aanwezig bent, ben je aanwezig. Wanneer je in staat bent je verstand te observeren, zit je er niet meer in gevangen. Er is een andere factor op het toneel verschenen, iets dat niet tot het terrein van het verstand behoort: de toeziende aanwezigheid.

Je moet aanwezig zijn als de toeschouwer van je verstand, zowel van je gedachten en emoties als van je reacties in allerlei situaties. Je moet ten minste zo geïnteresseerd zijn in je eigen reacties als in de situatie of persoon die deze reactie bij je opriep.

Let er ook op hoe vaak je met je aandacht in het verleden of de toekomst bent. Veroordeel of analyseer niet wat je waarneemt. Kijk naar de gedachte, voel de emotie, observeer de reactie.

Maak er geen persoonlijk probleem van. Je voelt dan iets dat sterker is dan al die dingen die je waarneemt: de stille, waarnemende aanwezigheid achter de inhoud van je verstand, de zwijgende toekijker.

Je hebt een grote mate van aanwezigheid nodig als bepaalde situaties een reactie uitlokken met een sterke emotionele lading, bijvoorbeeld wanneer je zelfbeeld bedreigd wordt, je voor een uitdaging wordt geplaatst die angst opwekt, als 'alles mis gaat' of als een emotioneel complex uit het verleden boven komt drijven. In zulke gevallen ben je geneigd 'onbewust' te worden. De reactie of emotie neemt de leiding van je over; je 'wordt' die reactie of emotie. Je leeft die uit. Je rechtvaardigt, doet iets verkeerds, valt aan, verdedigt ... Alleen ben jij dat niet, het is het reactiepatroon, het verstand

in zijn gebruikelijke overlevingstoestand.
Identificatie met het verstand geeft het meer energie; observatie van het verstand onttrekt er energie aan. Identificatie met het verstand schept meer tijd; observatie van het verstand opent de dimensie van het tijdloze. De energie die je aan het verstand onttrekt, verandert in aanwezigheid. Als je eenmaal voelt wat het betekent aanwezig te zijn, wordt het veel makkelijker gewoon te besluiten uit de tijdsdimensie te stappen wanneer je de tijd niet nodig hebt voor praktische doeleinden en dieper in het Nu door te dringen.
Je vermogen tijd (verleden en toekomst) te gebruiken voor praktische doelen lijdt daar niet onder. Ook is het niet slecht voor het vermogen om je verstand te gebruiken. Het versterkt dat vermogen juist. Wanneer je je verstand dan gebruikt, is het scherper, geconcentreerder.
De aandacht van verlichte mensen is altijd in de eerste plaats op het Nu gericht, maar ze zijn zich nog wel zijdelings bewust van de tijd. Met andere woorden: ze gebruiken kloktijd maar zijn bevrijd van de psychologische tijd.

## Laat de psychologische tijd los

Leer tijd te gebruiken voor de praktische kanten van je leven – je kunt dat 'kloktijd' noemen – maar keer meteen terug naar het bewustzijn van het huidige moment als je die praktische zaken hebt afgehandeld. Op die manier ontstaat er geen ophoping van 'psychologische tijd', die een identificatie is met het verleden en een voortdurende dwangmatige projectie op de toekomst.
Als je jezelf een doel stelt en werkt aan de verwezenlijking daarvan, gebruik je kloktijd. Je bent je bewust van waar je

heen wilt, maar je kent waarde toe aan de stap die je op dit moment zet en geeft er al je aandacht aan. Als je je overdreven concentreert op het doel, bijvoorbeeld omdat je streeft naar geluk, vervulling, of er een dieper zelfbesef aan wilt ontlenen, ken je aan het Nu geen waarde meer toe. Het wordt niet meer dan een opstapje naar de toekomst, zonder intrinsieke waarde. De kloktijd wordt dan psychologische tijd. Je levensreis is dan geen avontuur meer maar een obsessieve behoefte om iets te bereiken, een geslaagde man of vrouw te worden. Je ziet en ruikt de bloemen aan de kant van de weg niet meer, en je bent je ook niet meer bewust van de schoonheid en het wonder van het leven dat zich overal om je heen ontvouwt als je in het Nu bent.

Probeer je altijd ergens anders te komen dan waar je bent? Is het meeste wat je doet alleen maar een middel om een doel te bereiken? Ligt vervulling altijd om de hoek of in kortstondige genoegens zoals seks, eten, drinken, drugs of verzetjes en opwinding? Ben je altijd geconcentreerd op worden, bereiken of presteren of het najagen van weer een ander verzetje of pleziertje? Geloof je dat je tevredener, goed genoeg of psychisch meer mens wordt als je meer bezit verwerft? Wacht je op een man of een vrouw die je leven zin moet geven?

In de normale, met het verstand geïdentificeerde ofwel onverlichte bewustzijnstoestand worden de kracht en de oneindige creatieve mogelijkheden die verborgen liggen in het Nu, volkomen verduisterd door de psychologische tijd. Je leven verliest dan zijn levendigheid, frisheid, het besef van het wonder. De oude patronen van denken, emoties, gedrag, reacties en verlangens manifesteren zich dan in eindeloze herhaling als een script in je hoofd waaraan je een soort van

identiteit kunt ontlenen maar dat de werkelijkheid van het Nu volkomen verdraait of verbergt. Het verstand schept dan een obsessie voor de toekomst als ontsnappingsmogelijkheid uit het onbevredigende heden.
Wat je ziet als de toekomst is een wezenlijk onderdeel van je huidige bewustzijnstoestand. Als je verstand een zware last uit het verleden meedraagt, ervaar je meer van hetzelfde. Het verleden zet zichzelf voort door gebrek aan aanwezigheid. De kwaliteit van je bewustzijn nu is bepalend voor de toekomst – die je natuurlijk ook weer alleen als het Nu kunt ervaren.
Als de kwaliteit van je bewustzijn op dit moment bepalend is voor de toekomst, wat bepaalt dan de kwaliteit van je bewustzijn? Dat is je mate van aanwezigheid. Daarom is de enige plaats waar werkelijke verandering mogelijk is en waar je het verleden kunt oplossen, het Nu.

Misschien vind je het moeilijk om in te zien dat de tijd de oorzaak is van je lijden of van je problemen. Je gelooft dat ze veroorzaakt worden door bepaalde situaties in je leven en vanuit het conventionele standpunt bekeken is dat ook juist. Maar zolang je niet hebt afgerekend met de fundamentele probleemveroorzakende verstorende werking van het verstand – namelijk zijn gehechtheid aan verleden en toekomst en het ontkennen van het Nu – zijn de problemen gewoon inwisselbaar.
Als al je problemen en de waargenomen oorzaken van je lijden of ongelukkigheid vandaag als bij toverslag uit je leven zouden verdwijnen maar je bent niet aanweziger of bewuster geworden, dan zou je al snel weer met net zulke problemen, net zulk lijden opgescheept zitten, als een schaduw die je

volgt waarheen je ook gaat. Uiteindelijk is er maar één echt probleem: het aan de tijd gebonden verstand zelf.
Er is geen verlossing op termijn mogelijk. Je kunt in de toekomst niet vrij worden.

> Aanwezigheid is de sleutel tot vrijheid, dus je kunt alleen nu vrij worden.

## Ontdek het leven onder je levenssituatie

Wat je je leven noemt, kun je beter aanduiden met 'levenssituatie'. Het is psychologische tijd: verleden en toekomst. Bepaalde dingen in het verleden zijn niet zo gegaan als je wilde. Je biedt nog verzet tegen wat er in het verleden gebeurd is en nu verzet je je tegen wat is. Hoop houdt je overeind, maar de hoop houdt je aandacht ook gevestigd op de toekomst en door dit vasthouden van je aandacht blijf je het Nu ontkennen en blijf je ongelukkig.

> Vergeet je levenssituatie nu maar even en besteed eens wat aandacht aan je leven.
> Je levenssituatie bestaat in de tijd. Je leven is nu.
> Je levenssituatie is iets van je verstand. Je leven is echt.
> Vind 'de nauwe poort die ten leven leidt'. Die poort heet het Nu. Versmal je leven tot dit ene moment. Je levenssituatie kan vol problemen zijn – de meeste levenssituaties zijn zo – maar probeer eens te ontdekken of je op dit moment een probleem hebt. Niet morgen of over tien minuten, maar nu. Heb je nu een probleem?

Als je vol zit met problemen, is er geen ruimte meer voor iets nieuws, geen ruimte voor een oplossing. Dus probeer ruimte te maken wanneer dat maar kan, zodat je het leven onder je levenssituatie vindt.

> Gebruik je zintuigen volledig. Wees waar je bent. Kijk om je heen. Kijk alleen maar, interpreteer niet. Zie het licht, de vormen, de kleuren, het uiterlijk van dingen. Wees je bewust van de stille aanwezigheid van elk ding. Wees je bewust van de ruimte waarin alles er kan zijn.
> Luister naar de geluiden; oordeel er niet over. Luister naar de stilte onder de geluiden.
> Raak iets aan, het geeft niet wat, en voel en erken het Zijn ervan.
> Observeer het ritme van je ademhaling, voel hoe de lucht naar binnen en naar buiten stroomt, voel de levensenergie in je lichaam. Laat alles zijn zoals het is, binnen in je en buiten je. Laat de 'isheid' van alles toe. Ga diep in het Nu binnen.

Je laat de verdovende wereld van de mentale abstracties, van de tijd, achter je. Je ontsnapt aan het krankzinnige verstand dat je van je levensenergie berooft net zoals het de aarde langzaam vergiftigt en verwoest. Je ontwaakt uit de droom van de tijd in het heden.

## Alle problemen zijn illusies van het verstand

> Vestig je aandacht op het Nu en vertel me dan wat voor probleem je op dit moment hebt.

Je geeft geen antwoord omdat het onmogelijk is een probleem te hebben als je aandacht geheel op het Nu gevestigd is. Een situatie die je moet aanpakken of aanvaarden, dat kan. Maar waarom zou je er een probleem van maken?
Het verstand is onbewust verzot op problemen omdat je er een soort identiteit aan kunt ontlenen. Dat is normaal, maar het is ook krankzinnig. 'Probleem' betekent dat je in gedachte met een situatie bezig bent maar dat je niet de intentie of mogelijkheden hebt om er nu iets aan te doen en dat je haar onbewust tot deel van je zelfbesef maakt. Je wordt zo overweldigd door je levenssituatie dat je het besef van je leven, van Zijn vergeet. Of je draagt in gedachte de krankzinnige last van honderd dingen waarmee je in de toekomst misschien een keer iets moet doen in plaats van dat je je aandacht richt op het enige dat je nu kunt doen.

> Als je een probleem schept, schep je pijn. Je hoeft alleen maar een eenvoudige keuze te maken, een eenvoudige beslissing te nemen: wat er ook gebeurt, ik creëer geen pijn meer voor mezelf. Ik schep geen problemen meer.

Ook al is de keuze heel eenvoudig, ze is ook heel radicaal. Je maakt die keuze niet voordat je het lijden echt zat bent, voordat je er echt schoon genoeg van hebt. En je hebt de kracht niet om vol te houden tenzij je toegang krijgt tot de macht van het Nu. Als je geen pijn creëert voor jezelf, creëer je ook geen pijn voor andere mensen. Ook vervuil je dan onze prachtige aarde, je innerlijke ruimte en de collectieve menselijke psyche niet meer met de negativiteit van het problemen scheppen.

Als er zich een situatie voordoet die je nu aan moet pakken, is je optreden duidelijk en doortastend als dat voortkomt uit je bewustzijn van het Nu. Waarschijnlijk haalt het ook meer uit. Het is geen reactie die voortkomt uit de conditionering van je verstand door het verleden, maar een intuïtieve reactie op de situatie. In andere gevallen, wanneer het aan tijd gebonden verstand zou hebben gereageerd, ontdek je waarschijnlijk dat je meer bereikt door niets te doen – blijf gewoon met je aandacht op het Nu gevestigd.

## De vreugde van Zijn

Om erachter te komen of je jezelf hebt laten overnemen door psychologische tijd kun je een eenvoudig criterium gebruiken.

> Stel jezelf de volgende vraag: is er vreugde, ongedwongenheid en lichtheid in wat ik doe? Als dat niet zo is, dan ligt de tijd over het huidige moment heen en ervaar je het leven als een last of als een worsteling.
> Als er geen vreugde, ongedwongenheid en lichtheid is in wat je doet, betekent dat niet noodzakelijkerwijs dat je een verandering moet aanbrengen in wat je doet. Het kan voldoende zijn om het hoe te veranderen. 'Hoe' is altijd belangrijker dan 'wat'. Probeer eens meer aandacht te besteden aan het doen dan aan het resultaat dat je ermee wilt bereiken. Geef je volledige aandacht aan wat het moment te bieden heeft. Dat impliceert dat je ook volkomen aanvaardt wat is, omdat je niet al je aandacht kunt

> schenken aan iets waartegen je je op hetzelfde moment verzet.

Zodra je recht doet aan het huidige moment, verdwijnt alle ongelukkigheid en worsteling en gaat het leven stromen vol vreugde en gemak. Als je handelt op basis van je bewustzijn van het moment, gaat alles wat je doet kwaliteit, zorg en liefde uitstralen, zelfs de eenvoudigste handeling.

> Maak je dus niet druk over de vruchten van wat je doet, maar besteed al je aandacht aan het doen zelf. Het resultaat komt dan vanzelf. Dit is een spirituele oefening met een heel sterke uitwerking.

Als het dwangmatige vluchten voor het Nu stopt, stroomt de vreugde van Zijn in alles wat je doet. Op het moment dat je aandacht zich richt op het Nu, voel je een aanwezigheid, stilte, vrede. Je bent niet meer afhankelijk van de toekomst voor vervulling en tevredenheid, je ziet er niet meer naar uit voor je verlossing. Daarom hecht je ook niet aan het resultaat. Mislukking noch succes heeft het vermogen je innerlijke toestand van Zijn te veranderen. Je hebt het leven onder je levenssituatie gevonden.

Als er geen psychologische tijd is, ontleen je je zelfbesef aan Zijn en niet aan je persoonlijke verleden. Daarom is ook de psychische behoefte om anders te worden dan wat je bent er niet meer. In de wereld, op het niveau van je levenssituatie, kun je best rijk worden, goed geïnformeerd zijn, succes hebben of vrij zijn van dit of dat, maar in de diepere dimensie van Zijn ben je nu compleet en heel.

## De tijdloze toestand van het bewustzijn

Als elke cel van je lichaam zo aanwezig is dat zij bruist van leven, en je voelt dat leven elk moment als de vreugde van Zijn, dan pas kun je zeggen dat je bevrijd bent van de tijd. Om bevrijd te zijn van de tijd moet je je bevrijden van de psychische behoefte aan het verleden omwille van je identiteit en die aan de toekomst omwille van je vervulling. Het gaat om de diepste bewustzijnsverandering die we ons voor kunnen stellen.

> Als je de eerste glimpen hebt opgevangen van de tijdloze toestand van het bewustzijn, begin je heen en weer te gaan tussen de dimensies van tijd en aanwezigheid. Eerst word je je ervan bewust hoe zelden je aandacht echt op het Nu gevestigd is. Maar alleen al te weten dat je niet aanwezig bent is al een groot succes: dat te weten *is* aanwezigheid – ook al duurt het in het begin maar een paar seconden kloktijd.
>
> Dan maak je steeds vaker bewust de keuze om je aandacht te richten op het huidige moment in plaats van op het verleden of de toekomst, en telkens als je beseft dat je het Nu kwijt bent, kun je erin blijven, niet een paar seconden maar in kloktijd gemeten telkens langer.

Dus voordat je je goed verankerd hebt in de toestand van aanwezigheid, dat wil zeggen, voordat je volledig bewust bent geworden, ga je een tijdje heen en weer tussen de toestand van aanwezigheid en die van identificatie met je verstand. Je verliest het Nu en keert er weer naar terug, telkens opnieuw. Uiteindelijk verkeer je het grootste deel van de tijd in de toestand van aanwezigheid.

# 4. Los het onbewustzijn op

Het is van essentieel belang dat je meer bewustzijn in je leven brengt in gewone situaties, wanneer alles enigszins gladjes verloopt. Op die manier neemt de macht van je aanwezigheid toe. Dat schept een energieveld in je en om je heen met een hoge trillingsfrequentie. Geen onbewustheid, negativiteit, tweedracht of geweld kan overleven als die in dat veld doordringt, net zoals duisternis niet kan overleven in de aanwezigheid van licht.

Als je leert de waarnemer te zijn van je gedachten en emoties – wat een essentieel onderdeel is van aanwezig-zijn – ben je waarschijnlijk verbaasd als je je voor het eerst bewust wordt van de 'achtergrondruis' van de gewone onbewustheid en beseft hoe weinig het eigenlijk voorkomt (als dat al gebeurt) dat je je innerlijk werkelijk op je gemak voelt.

Op het niveau van het denken stuit je op een grote weerstand in de vorm van oordelen, ontevredenheid en mentale projectie weg van het Nu. Op emotioneel gebied is er een onderstroom van onbehagen, spanning, verveling of nervositeit. Beide zijn aspecten van het verstand in zijn gebruikelijke verzetstoestand.

Observeer de vele manieren waarop onbehagen, ontevredenheid en spanning in je opkomen door onnodig oordelen, verzet tegen wat is en ontkenning van het Nu.
Al het onbewuste lost op als je het licht van het bewustzijn erover laat schijnen.

Als je weet hoe je de gewone onbewustheid oplost, gaat het licht van je aanwezigheid helder schijnen en dan wordt het veel makkelijker de diepe onbewustheid aan te pakken wanneer je je daardoor naar beneden getrokken voelt. Maar het is in het begin niet makkelijk de gewone onbewustheid te betrappen, omdat die zo normaal is.

Maak er een gewoonte van je mentaal-emotionele toestand door zelfobservatie in de gaten te houden.
Het is heel goed om jezelf geregeld de volgende vraag te stellen: voel ik me op dit moment op mijn gemak?
Je kunt ook vragen: wat gaat er op dit moment in me om?

Je moet minstens zo geïnteresseerd zijn in wat er in je omgaat als in wat er buiten je gebeurt. Als je de binnenkant goed krijgt, komt de buitenkant vanzelf goed. De primaire werkelijkheid zit in je, de secundaire werkelijkheid buiten je.

Beantwoord die vragen echter niet meteen. Richt je aandacht naar binnen. Neem eens een kijkje in je binnenste.
Wat voor gedachten brengt je verstand voort?

Wat voel je?
Richt je aandacht binnen in je lichaam. Voel je ergens spanning?
Zodra je bespeurt dat er een zwak gevoel van onbehagen is, de achtergrondruis, stel dan vast op welke manier je het leven ontwijkt, je ertegen verzet of het ontkent – door het Nu te ontkennen.

Mensen verzetten zich onbewust op vele manieren tegen het Nu. Met een beetje oefening wordt je vermogen tot observatie van jezelf, van het in de gaten houden van je innerlijke toestand, vanzelf groter.

## Waar je ook bent, je moet er helemaal zijn

Heb je last van stress? Heb je het zo druk met in de toekomst te geraken dat het Nu nog slechts een middel is om er te komen? Stress wordt veroorzaakt doordat je 'hier' bent maar 'daar' wilt zijn, of doordat je in het heden bent terwijl je in de toekomst wilt zijn. Het is een gespletenheid die je innerlijk verscheurt.
Eist het verleden een groot deel van je aandacht op? Praat en denk je er vaak over, zowel in positieve als negatieve zin? De geweldige dingen die je bereikt hebt, je avonturen of ervaringen of je slachtofferverhaal en de vreselijke dingen die je zijn aangedaan of misschien wat jij iemand anders hebt aangedaan?
Brengen je denkprocessen schuldgevoelens, trots, wrevel, woede, spijt of zelfmedelijden voort? Dan versterk je niet alleen een onjuist zelfbesef, maar versnel je ook het verouderingsproces van je lichaam doordat je verleden ophoopt in je

psyche. Ga dat maar eens na voor jezelf door mensen te observeren die sterk vasthouden aan het verleden.

> Sterf elk moment voor het verleden. Je hebt het niet nodig. Verwijs er alleen naar als het absoluut relevant is voor de huidige situatie. Voel de macht van dit moment en de volheid van Zijn. Voel je aanwezigheid.

Maak je je zorgen? Denk je vaak: stel dat ... dan identificeer je je met je verstand, dat zichzelf projecteert in een denkbeeldige toekomst en angst opwekt. Tegen zo'n situatie kun je nooit op, omdat zij niet bestaat. Het is een hersenspinsel. Je kunt deze krankzinnigheid, die je gezondheid en leven ondermijnt, gewoon stopzetten door het huidige moment te erkennen.

> Word je bewust van je ademhaling. Voel de lucht je lichaam in- en uitstromen. Voel het energieveld in je. Het enige waar je in het echte leven ooit tegen opgewassen moet zijn – in tegenstelling tot de verzonnen verwachtingen van het verstand – is dit moment.
> Vraag jezelf welk 'probleem' je nu hebt, niet volgend jaar, morgen of over vijf minuten. Wat is er verkeerd aan dit moment?

Je kunt het Nu altijd aan, maar tegen de toekomst kun je nooit op – maar dat hoeft ook niet. Het antwoord, de kracht, het juiste optreden of de hulpmiddelen zijn er als je ze nodig hebt, niet eerder en niet later.

Ben je een 'wachter' uit gewoonte? Hoeveel tijd besteed je met wachten? Wat ik 'wachten op kleine schaal' noem is in de rij staan bij het postkantoor, in een verkeersopstopping, op het vliegveld of wachten op iemands komst, tot je klaar bent met je werk, enzovoort. 'Wachten op grote schaal' is wachten op de volgende vakantie, op een betere baan, tot de kinderen groot zijn, op een echt waardevolle relatie, op succes, tot je veel geld verdient, tot je een belangrijke persoon wordt, tot je de verlichting bereikt. Het is niet ongewoon dat mensen hun hele leven wachten met beginnen te leven.
Wachten is een geestesgesteldheid. In wezen betekent het dat je de toekomst wilt; het heden wil je niet. Je wilt niet wat je hebt en je wilt wel wat je niet hebt. Met elke vorm van wachten schep je onbewust een conflict in jezelf tussen het hier-en-nu, waar je niet wilt zijn, en de verwachte toekomst, waar je wel wilt zijn. Dat vermindert de kwaliteit van je leven enorm, omdat je zo het heden verliest.
Veel mensen wachten bijvoorbeeld op voorspoed. Die kan in de toekomst echter niet komen. Als je je huidige werkelijkheid op haar waarde weet te schatten, erkent en volledig aanvaardt – waar je bent, wie je bent, wat je op dit moment aan het doen bent – als je volkomen aanvaardt wat je hebt, dan ben je dankbaar voor wat is, dankbaar voor Zijn. Dankbaarheid voor het huidige moment en de volheid van het leven nu is werkelijke voorspoed. Dat kan niet komen in de toekomst. Maar die voorspoed manifesteert zich op zijn tijd in verschillende vormen aan je.

Als je ontevreden bent over wat je hebt of zelfs gefrustreerd of boos bent over wat je tekortkomt, kan dat je ertoe aanzetten om rijk te worden. Maar zelfs als je dan miljoenen vergaart, blijf je de innerlijke toestand van gebrek voelen en diep vanbinnen blijf je je onvervuld voelen. Je kunt alle opwindende ervaringen opdoen die voor geld te koop zijn, maar die komen en gaan en laten je altijd achter met dat lege gevoel en de behoefte aan nog meer fysieke of psychische bevrediging. Je verblijft niet in Zijn en voelt dus niet de volheid van het leven die de enige werkelijke voorspoed is.

> Geef het wachten als geesteshouding op. Als je jezelf erop betrapt dat je terugglijdt in het wachten ... kap dat dan meteen af. Kom in het huidige moment. Je hoeft er alleen maar te zijn en daarvan te genieten. Als je aanwezig bent, hoef je nooit ergens op te wachten.
>
> De volgende keer dat iemand tegen je zegt: 'Sorry dat we u hebben laten wachten', kun je antwoorden met: 'Helemaal niet erg, ik stond niet te wachten; ik amuseerde me prima, ik was blij met mezelf.'

Dit zijn maar een paar van de gebruikelijke strategieën van het verstand om het huidige moment te ontkennen die bij de gewone onbewustheid horen. Je ziet ze makkelijk over het hoofd omdat ze zo'n vast onderdeel zijn van het gewone leven: de achtergrondruis van eeuwige ontevredenheid. Maar hoe meer je oefent met het inspecteren van je innerlijke mentaal-emotionele toestand, des te makkelijker het wordt om te zien dat je in de val van verleden of toekomst bent gelopen, onbewust bent geworden, en dan weer te ontwaken uit de droom van de tijd in het heden.

Maar pas op: het onware, ongelukkige zelf dat gebaseerd is op de identificatie met je verstand, leeft van de tijd. Het weet dat het huidige moment zijn dood betekent en voelt zich er dus erg door bedreigd. Het zal alles in het werk stellen om je eruit weg te halen. Het zal proberen je in de tijd gevangen te houden.

In zekere zin valt de toestand van aanwezigheid te vergelijken met wachten. Het is een kwalitatief ander soort wachten, waarvoor je heel alert moet zijn. Elk moment kan er iets gebeuren, en als je niet heel aanwezig bent, absoluut stil, dan mis je het. In die toestand is je hele aandacht gevestigd op het Nu. Er blijft niets over voor dagdromen, denken, herinneringen, verwachten. Er is geen plaats voor spanning of angst, alleen maar alerte aanwezigheid. Je bent aanwezig met je hele Zijn, met elke cel van je lichaam.
In die toestand is het 'jij' dat een verleden en een toekomst heeft, de persoonlijkheid, zo je wilt, er nauwelijks meer. En toch is er niets van waarde verloren gegaan. Je bent nog steeds in wezen jezelf. Je kunt beter zeggen dat je nu meer jezelf bent dan je ooit geweest bent, of nog beter, alleen nu ben je echt jezelf.

## Het verleden kan in je aanwezigheid niet overleven

Wat je moet weten over het onbewuste verleden in jezelf brengen de uitdagingen van het heden wel aan het licht. Als je in het verleden gaat graven, blijkt het een bodemloze put te zijn: er is altijd meer. Misschien denk je dat je meer tijd nodig hebt om het verleden te begrijpen of je ervan te bevrijden, met andere woorden, dat de toekomst je uiteindelijk van het verleden verlost, maar dat is een misvatting. Alleen het heden kan je van het verleden verlossen. Meer tijd kan je niet van de tijd bevrijden.

Verschaf je toegang tot de macht van het Nu. Dat is de sleutel. De macht van het Nu is niets anders dan de macht van je aanwezigheid, je van gedachtevormen bevrijde bewustzijn. Pak het verleden dus aan op het niveau van het heden. Hoe meer aandacht je aan het verleden besteedt, des te meer energie je eraan geeft en des te waarschijnlijker het wordt dat je er een 'zelf' aan gaat ontlenen.

Begrijp me niet verkeerd: aandacht is essentieel, maar niet voor het verleden als verleden. Geef je aandacht aan het heden, besteed aandacht aan je gedrag, aan je reacties, stemmingen, gedachten, emoties, angsten en verlangens zoals ze zich in het heden aan je voordoen. Daar is het verleden in je. Als je zo aanwezig kunt zijn dat je al deze dingen kunt gadeslaan, niet kritisch of analytisch maar zonder te oordelen, dan pak je het verleden aan en los je het op door de macht van je aanwezigheid.

Je kunt jezelf niet vinden door naar je verleden te gaan. Je vindt jezelf door in het heden te komen.

# 5. Schoonheid komt voort uit de stilte van je aanwezigheid

Aanwezigheid is noodzakelijk om je bewust te kunnen zijn van de schoonheid, de luister en de heiligheid van de natuur. Heb je wel eens op een heldere avond omhooggekeken naar de oneindigheid van de ruimte, vol ontzag voor de absolute stilte en de onvoorstelbare uitgestrektheid ervan? Heb je wel eens geluisterd, maar dan ook echt geluisterd, naar het geluid van een bergbeek in het bos? Of naar het lied van een merel bij het vallen van de avond op een rustige zomerdag?
Als je je bewust wilt worden van zulke dingen, moet eerst je verstand zwijgen. Je moet even je persoonlijke bagage van problemen, verleden, toekomst en al je andere kennis loslaten, want anders zie je zonder te zien, hoor je zonder te horen. Je totale aanwezigheid is nodig.

> Behalve de schoonheid van de uiterlijke vormen is er hier nog veel meer: iets dat niet te benoemen valt, iets onuitsprekelijks, een diepe, innerlijke, heilige kern. Waar en wanneer je ook schoonheid ontmoet, merk je dat deze innerlijke kern er op de een of andere manier doorheen schijnt. Zij openbaart zich al-

leen aan je als je aanwezig bent.
Zou het kunnen zijn dat deze naamloze kern en jouw aanwezigheid een en hetzelfde zijn?
Zou zij er zonder jouw aanwezigheid ook zijn?
Dring er diep in door. Ontdek het voor jezelf.

## Verwezenlijk zuiver bewustzijn

Steeds als je het verstand waarneemt, onttrek je bewustzijn aan de vormen van je verstand, en dat wordt dan wat we de getuige of toeschouwer noemen. Vervolgens wordt de toeschouwer – zuiver bewustzijn zonder vorm – sterker en worden de mentale vormen zwakker.
Als we spreken over het observeren van het verstand, personifiëren we in feite een gebeurtenis van werkelijk kosmische betekenis: door jou ontwaakt het bewustzijn uit zijn droom van identificatie met vormen en trekt het zich uit de vormen terug. Dat kondigt een gebeurtenis aan, maar is daar ook al onderdeel van, die in chronologische tijd gemeten waarschijnlijk pas zal plaatsvinden in de verre toekomst. Die gebeurtenis heet – het einde van de wereld.

Het is makkelijker aanwezig te blijven in het dagelijks leven als je diep geworteld bent in jezelf; anders sleept het verstand, dat een geweldige kracht heeft, je mee als een woeste rivier. Dat betekent dat je je lichaam helemaal bewoont. Dat er altijd een deel van je aandacht gevestigd is op het innerlijke energieveld van je lichaam. Je moet, zeg maar, je lichaam vanbinnen voelen. Lichaamsbewustzijn houdt je aanwezig. Het verankert je in het Nu.

Het lichaam dat je kunt zien en aanraken, kan je niet naar Zijn brengen. Maar dat zichtbare en tastbare lichaam is niet meer dan een uiterlijke schil, of beter, een beperkt en verdraaid beeld van een diepere werkelijkheid. In je natuurlijke toestand van verbondenheid met Zijn kun je die diepere werkelijkheid elk moment voelen als het onzichtbare innerlijke lichaam, de bezielende aanwezigheid in je binnenste. Het 'bewonen van je lichaam' is dus het lichaam vanbinnen te voelen, het leven in het lichaam te voelen en daardoor tot het weten te komen dat je meer bent dan je uiterlijke vorm.
Je bent afgesneden van Zijn zolang je verstand al je aandacht opeist. Als dat gebeurt – en bij de meeste mensen is dat voortdurend het geval – zit je niet in je lichaam. Het verstand eist al je bewustzijn op en zet dat om in iets verstandelijks. Je kunt niet ophouden met denken.
Om je bewust te worden van Zijn moet je bewustzijn heroveren op je verstand. Dat is een van de belangrijkste taken op je spirituele reis. Daarmee bevrijd je enorme hoeveelheden bewustzijn die daarvoor vastzaten in nutteloos en dwangmatig denken. Een heel effectieve methode daarvoor is gewoon dat je je aandacht afleidt van je denken en op je lichaam richt, waar je Zijn in eerste instantie kunt voelen als het onzichtbare energieveld dat leven geeft aan wat je als het fysieke lichaam ervaart.

## In contact komen met het innerlijke lichaam

Probeer het nu, als je wilt. Het gaat mogelijk beter als je voor deze oefening je ogen dichtdoet. Later, als 'in je lichaam zijn' natuurlijk en makkelijk voor je is geworden, is dat niet meer nodig.

> Richt je aandacht naar binnen, in je lichaam. Voel het vanbinnen. Leeft het? Zit er leven in je handen, armen, benen en voeten – in je onderbuik en je borst?
> Voel je het subtiele energieveld dat het hele lichaam doordringt en bruisend leven schenkt aan elk orgaan en elke cel? Voel je het tegelijkertijd in al je lichaamsdelen als één enkel energieveld?
> Blijf je een poosje concentreren op het voelen van je innerlijke lichaam. Ga er niet over nadenken. Je moet het voelen.

Hoe meer aandacht je eraan besteedt, des te duidelijker en sterker dit gevoel wordt. Het voelt aan alsof elke cel levendiger wordt, en als je erg visueel bent ingesteld, komt er misschien een beeld in je op dat je lichaam licht geeft. Hoewel zo'n beeld je tijdelijk kan helpen, moet je meer aandacht besteden aan het gevoel dan aan een beeld dat bij je opkomt. Een beeld, hoe mooi of krachtig het ook is, ligt als vorm al vast, zodat er minder ruimte is om dieper door te dringen.

## Dring diep in het lichaam door

Je kunt de volgende meditatie proberen om echt diep in je lichaam door te dringen. Het hoeft niet lang te duren. Tien tot vijftien minuten kloktijd moet voldoende zijn.

> Zorg er eerst voor dat je niet afgeleid kunt worden door bijvoorbeeld de telefoon of mensen die je kunnen onderbreken. Ga op een stoel zitten, maar leun niet achterover. Houd de wervelkolom rechtop.

Daardoor blijf je makkelijker alert. Je eigen favoriete meditatiehouding is ook goed.
Zorg ervoor dat je lichaam ontspannen is. Doe je ogen dicht. Haal een paar keer diep adem. Je moet voelen dat je als het ware tot in je onderbuik ademt. Observeer hoe die bij elke ademhaling een beetje uitzet en weer samentrekt.
Daarna moet je je bewust worden van het hele innerlijke energieveld van je lichaam. Denk er vooral niet over na – je moet het voelen. Daarmee herover je bewustzijn op je verstand. Als je daar baat bij had, kun je de 'licht'-visualisatie toepassen die ik zojuist beschreven heb.
Als je het innerlijke lichaam kunt voelen als één enkel energieveld, laat dan, indien mogelijk, elk visuele beeld varen en concentreer je helemaal op het gevoel. Laat ook, als je dat kunt, alle mentale beelden los die je nog van je lichaam hebt. Het enige dat er dan nog is, is een allesomvattend gevoel van aanwezigheid, van 'zijn zonder meer', en je voelt dat het innerlijke lichaam geen grenzen heeft.
Ga nu met je aandacht nog dieper in dat gevoel. Word er één mee. Ga op in dat energieveld, zodat er geen waarneembare dualiteit meer is tussen de waarnemer en het waargenomene, tussen jou en je lichaam. Het onderscheid tussen binnen en buiten verdwijnt nu ook, zodat het innerlijke lichaam er ook niet meer is. Door diep in het lichaam af te dalen, ontstijg je eraan.
Blijf zolang je het als behaaglijk ervaart in dit rijk van zuiver Zijn; dan kun je je weer bewust worden

van het stoffelijke lichaam, je ademhaling en je fysieke zintuigen, en je ogen opendoen. Neem een paar minuten lang je omgeving op een meditatieve manier in je op – dat wil zeggen, zonder mentale etiketten te gaan plakken – en blijf ondertussen je innerlijke lichaam voelen.

Toegang hebben tot dat vormeloze gebied is echt bevrijdend. Het bevrijdt je van de onderworpenheid aan en identificatie met vorm. We zouden dit het Ongemanifesteerde, de onzichtbare Bron van alle dingen, het Zijn in alle dingen kunnen noemen. Het is een gebied van diepe stilte en vrede, maar ook van vreugde en intense levendigheid. Telkens als je aanwezig bent, word je tot op zekere hoogte 'transparant' voor het licht, het zuivere bewustzijn dat uit deze Bron voortkomt. Je beseft ook dat het licht niet losstaat van wie je bent maar je eigenlijke essentie vormt.

Als je bewustzijn naar buiten gericht is, komen verstand en wereld op. Als het naar binnen gericht is, wordt het zich bewust van zijn eigen Bron en keert het terug naar huis, naar het Ongemanifesteerde.

Als je bewustzijn dan weer terugkeert naar de gemanifesteerde wereld, neem je weer de vormidentiteit aan die je tijdelijk hebt opgegeven. Je hebt een naam, een verleden, een levenssituatie en een toekomst. Maar in één heel wezenlijk aspect ben je niet meer de persoon die je was: je hebt een glimp opgevangen van een werkelijkheid in jezelf die niet 'van deze wereld' is, ook al staat die er niet los van, net zoals ze niet losstaat van jou.

Laat dit nu je spirituele oefening zijn:

Geef in je leven niet meer de volle honderd procent van je aandacht aan de buitenwereld en je verstand. Houd iets gericht op je innerlijk.
Je moet het innerlijke lichaam ook voelen als je met alledaagse activiteiten bezig bent, vooral in relaties en als je in de natuur bent. Voel de stilte er diep binnenin. Houd de poort open.
Het is heel goed mogelijk om je je hele leven bewust te zijn van het Ongemanifesteerde. Je voelt het als een diep besef van vrede ergens op de achtergrond, een stilte die je nooit verlaat, wat er ook gebeurt. Je wordt een brug tussen het Ongemanifesteerde en het gemanifesteerde, tussen God en de wereld.
Dat is de toestand van verbondenheid met de Bron die we de verlichting noemen.

## Ga met je wortels diep naar binnen

De sleutel is dat je in een toestand komt van permanente verbondenheid met je innerlijke lichaam, dat je het altijd voelt. Dat zal je leven heel snel verdiepen en veranderen. Hoe meer bewustzijn je richt op je innerlijke lichaam, des te hoger de trillingsfrequentie ervan wordt; zoiets als licht dat helderder wordt als je aan de dimmerknop draait en zo meer elektriciteit toevoert. Op dat hogere energieniveau heeft negativiteit geen vat meer op je en ga je nieuwe omstandigheden aantrekken die een afspiegeling zijn van deze hogere frequentie. Als je je aandacht zo veel mogelijk in je lichaam houdt, word je verankerd in het Nu. Je verliest jezelf dan niet meer in de buitenwereld en ook niet in je verstand. Gedachten en emoties, angsten en verlangens kunnen er nog wel tot op zekere hoogte zijn, maar ze nemen je niet over.

> Onderzoek alsjeblieft waar je aandacht op dit moment is. Je zit naar me te luisteren of je leest deze woorden in een boek. Daarop is je aandacht in eerste instantie gevestigd. Je bent je ook een beetje bewust van je omgeving, van andere mensen, enzovoort. Bovendien kan er in je hoofd iets gaande zijn naar aanleiding van wat je hoort of leest, een mentaal commentaar.
> Maar het is helemaal niet nodig dat dit alles al je aandacht opeist. Probeer eens of je tegelijkertijd in aanraking kunt komen met je innerlijke lichaam. Houd een deel van je aandacht naar binnen gericht. Laat niet alles wegstromen. Voel je hele lichaam van binnenuit, als één enkel energieveld. Het is net alsof je met je hele lichaam luistert of leest. Oefen hiermee in de komende dagen en weken.
> Geef niet al je aandacht aan je verstand en aan de buitenwereld. Natuurlijk moet je je concentreren op wat je aan het doen bent, maar voel tegelijkertijd het innerlijke lichaam wanneer dat maar enigszins mogelijk is. Blijf geworteld in je binnenste. Let dan op de invloed die dit heeft op je bewustzijnstoestand en op de kwaliteit van wat je doet.

Ik vraag je dringend dit niet gewoon maar te geloven of af te wijzen. Probeer het uit.

## Versterk je immuunsysteem

Er is een eenvoudige maar toch krachtige meditatie voor zelfgenezing die je kunt uitvoeren als je het gevoel hebt dat je immuunsysteem wel een oppepper kan gebruiken. Deze meditatie helpt vooral als je haar toepast wanneer je de eerste symptomen van een opkomende ziekte voelt, maar werkt ook bij ziekten die al enige tijd manifest zijn, alleen moet je de oefening dan regelmatig en heel geconcentreerd herhalen. De meditatie helpt ook tegen verstoringen van je energieveld door negativiteit in de een of andere vorm.
Ze is echter niet bedoeld als vervanging voor het beoefenen van het van moment tot moment in het lichaam zijn. Als je haar zo gebruikt, is het effect slechts tijdelijk. Hier komt de oefening dan.

> Als je een paar minuten niets te doen hebt, vooral 's avonds vlak voordat je in slaap valt of 's ochtends als je net wakker bent geworden, kun je je lichaam 'overspoelen' met bewustzijn. Doe je ogen dicht. Ga op je rug liggen. Richt om te beginnen je aandacht even op de afzonderlijke lichaamsdelen: je handen, voeten, armen, benen, buik, borst, hoofd, enzovoort. Voel de levensenergie in die lichaamsdelen zo intens als je kunt. Blijf ongeveer vijftien seconden bij elk lichaamsdeel.
> Vervolgens laat je je aandacht een paar keer als een golf door je hele lichaam heen en weer gaan, van je voeten naar je hoofd en weer terug. Dat hoeft maar ongeveer een minuut te duren. Daarna moet je je innerlijke lichaam in zijn geheel voelen, als één enkel

energieveld. Houd dat gevoel een paar minuten vast.
Al die tijd moet je intens aanwezig zijn, aanwezig in elke cel van je lichaam.

Trek het je niet aan als je verstand er af en toe toch in slaagt je aandacht naar buiten je lichaam te brengen en je in gedachten verstrikt raakt. Zodra je merkt dat dit gebeurt, vestig je gewoon je aandacht weer op je innerlijke lichaam.

## Creatief gebruik van het verstand

Als je voor een bepaald doel je verstand nodig hebt, gebruik het dan in samenwerking met je innerlijke lichaam. Alleen als je in staat bent bewust te zijn zonder te denken, kun je het verstand op een creatieve manier gebruiken, en de makkelijkste weg naar die toestand gaat door je lichaam.

> Wanneer je een antwoord, een oplossing of een creatief idee nodig hebt, moet je even ophouden met denken door je op je innerlijke energieveld te concentreren. Word je bewust van de stilte.
> Als je daarna het denken hervat, is het fris en creatief. Maak er bij elke denkactiviteit een gewoonte van, om de paar minuten af te wisselen tussen denken en een soort verinnerlijkt luisteren, een luisteren naar de stilte in je.
> We zouden kunnen zeggen: denk niet alleen met je hoofd maar met je hele lichaam.

## Laat je adem je naar binnen brengen, het lichaam in

Als je het op zeker moment moeilijk vindt in contact te komen met je innerlijke lichaam, is het meestal makkelijker je eerst op je ademhaling te concentreren. Door bewuste ademhaling, een opzichzelfstaande krachtige meditatie, kom je geleidelijk in contact met je innerlijke lichaam.

> Volg de ademhaling met je aandacht terwijl ze je lichaam in- en uitgaat. Adem naar binnen, je lichaam in en let op het uitzetten en samentrekken van je buik bij elke in- en uitademing.
> Als visualiseren je goed afgaat, kun je je ogen dichtdoen en je voorstellen dat je omgeven bent door licht of door een lichtgevende substantie – een zee van bewustzijn. Adem dan dat licht in. Voel hoe die lichtgevende substantie je lichaam vult en het ook lichtgevend maakt.
> Concentreer je geleidelijk aan meer op dat gevoel. Hecht je niet aan een visuele voorstelling. Je bent nu in je lichaam. Je hebt toegang gekregen tot de kracht van het Nu.

# Deel 2
# *Relaties als spirituele oefening*

Liefde is een toestand van Zijn.
Je liefde is niet iets buiten je; ze zit diep in je.
Je kunt haar nooit verliezen en ze kan je nooit verlaten.
Ze is niet afhankelijk van een ander lichaam, van een uiterlijke vorm.

# 6. Los het pijnlichaam op

Het grootste deel van de pijn die mensen lijden is niet nodig. Hij ontstaat vanzelf zolang het niet-waargenomen verstand je leven beheerst. De pijn die je nu schept is altijd de een of andere vorm van niet-aanvaarden, van een onbewuste weerstand tegen wat is.
Op het niveau van het denken is die weerstand de een of andere vorm van veroordeling. Op het emotionele vlak is het een vorm van negativiteit. De intensiteit van de pijn hangt af van de mate van weerstand tegen het huidige moment en die hangt op zijn beurt weer af van de mate waarin je je met je verstand identificeert. Het verstand probeert altijd het Nu te ontkennen en eraan te ontsnappen.
Met andere woorden: hoe meer je je met je verstand identificeert, des te meer je lijdt. Je kunt het ook zo zeggen: hoe meer je het Nu kunt erkennen en aanvaarden, des te meer je vrij bent van pijn en lijden, vrij van het ikzuchtige verstand.
Volgens sommige geestelijke leren is alle pijn in wezen een illusie. Nou, dat is waar. De vraag is alleen: is het voor jou ook waar? Het is nog niet waar als je het alleen maar gelooft. Wil je de rest van je leven pijn ervaren en jezelf wijsmaken dat het een illusie is? Bevrijdt dat je van de pijn? Waar het ons hier om gaat is hoe je deze waarheid kunt verwezenlij-

ken, dat wil zeggen dat ze waar wordt in je eigen ervaring.

Pijn is onvermijdelijk zolang je je met je verstand identificeert, dat wil zeggen, zolang je geestelijk gesproken onbewust bent. Ik heb het hier vooral over emotionele pijn, die overigens de hoofdoorzaak is van lichamelijke pijn en lichamelijke ziekte. Wrok, haat, zelfmedelijden, schuldgevoel, boosheid, depressie, jaloezie enzovoort, zelfs de geringste irritatie, zijn allemaal vormen van pijn. En elke vorm van plezier of emotioneel hoogtepunt draagt de kiem van pijn in zich als zijn onafscheidelijke tegenpool, die zich na verloop van tijd manifesteert.

Iedereen die wel eens drugs heeft gebruikt om high te worden weet dat op de roes een kater volgt, dat het plezier in een vorm van pijn verandert. Veel mensen weten ook uit ervaring hoe makkelijk een persoonlijke relatie van een bron van vreugde kan veranderen in een bron van pijn. Vanuit een hoger standpunt bekeken zijn de positieve en negatieve polariteiten de twee zijden van een en dezelfde medaille, zijn ze allebei onderdeel van de onderliggende pijn die onlosmakelijk verbonden is met de met het verstand geïdentificeerde ikzuchtige toestand van het bewustzijn.

Deze pijn kent twee niveaus: de pijn die je nu maakt en de pijn uit het verleden, die in je geest en lichaam voortleeft.

Zolang je geen toegang kunt krijgen tot de kracht van het Nu, laat elke emotionele pijn die je ervaart een residu van pijn achter dat in je voortleeft. De pijn vermengt zich met de pijn uit het verleden die er al was en nestelt zich in je geest en je lichaam. Daarbij zit natuurlijk ook de pijn die je als kind hebt ervaren door de onbewustheid van de wereld waarin je geboren bent.

Deze opgehoopte pijn is een veld van negatieve energie dat je lichaam en geest in bezit heeft genomen. Als je het ziet als een onzichtbare opzichzelfstaande entiteit, zit je er niet ver naast. Het is het emotionele pijnlichaam.
Het pijnlichaam kent twee toestanden: sluimerend en actief. Een pijnlichaam kan negentig procent van de tijd sluimeren, maar bij heel ongelukkige mensen kan het wel honderd procent van de tijd actief zijn. Sommige mensen leven bijna helemaal door hun pijnlichaam, terwijl andere het misschien alleen in bepaalde situaties ervaren, bijvoorbeeld in persoonlijke relaties of bij pijn die zijn oorsprong in het verleden heeft, een verlies of verlaten-zijn, lichamelijke of emotionele gekwetstheid, enzovoort.
Willekeurige gebeurtenissen kunnen het pijnlichaam wekken, maar vooral gebeurtenissen die resoneren met een pijnpatroon uit je verleden. Als het op het punt staat uit zijn sluimertoestand te ontwaken, kan een gedachte of een onschuldige opmerking van iemand anders die dicht bij je staat het al wekken.

## Doorbreek de identificatie met het pijnlichaam

Het pijnlichaam wil dat je het niet direct waarneemt en herkent. Op het moment dat je het waarneemt, zijn energieveld in je lichaam voelt en er met je aandacht naartoe gaat, is de identificatie doorbroken.
Er is een hogere dimensie van bewustzijn op het toneel verschenen. Ik noem dat aanwezigheid. Je bent nu de waarnemer of getuige van het pijnlichaam. Dat betekent dat het je niet meer kan gebruiken door voor te geven jou te zijn, en het zich ook niet meer

door jou van energie kan voorzien. Je hebt je diepste bron van kracht gevonden.

Sommige pijnlichamen zijn hardnekkig maar betrekkelijk onschuldig; je kunt ze vergelijken met een kind dat maar blijft jengelen. Andere zijn gemene en vernietigende monsters, echte demonen. Sommige zijn gewelddadig op lichamelijk gebied, andere in emotioneel opzicht. Sommige vallen mensen aan in je omgeving of die je na staan, andere vallen jouzelf, hun gastheer of -vrouw, aan. De gedachten en gevoelens die je op zo'n moment over je leven hebt, worden dan heel negatief en destructief voor jezelf. Op deze manier ontstaan veel ziekten en ongelukken. Sommige pijnlichamen brengen hun gastheer of -vrouw ertoe zelfmoord te plegen. Als je dacht iemand te kennen en dan opeens met dit vreemde, misselijke schepsel wordt geconfronteerd, schrik je behoorlijk. Het is echter belangrijker dat je dit bij jezelf waarneemt dan bij iemand anders.

Let op elk teken van ongelukkigheid bij jezelf, in welke vorm dan ook; want dat kan het ontwakende pijnlichaam zijn. Het kan de vorm aannemen van irritatie, ongeduld, een sombere stemming, het verlangen pijn te doen, woede, razernij, depressie, de behoefte aan meer drama in je relatie en ga zo maar door. Grijp het op het moment dat het uit zijn sluimertoestand ontwaakt.

Het pijnlichaam wil overleven, net zoals elk ander bestaand wezen, en het kan alleen overleven als het je zover krijgt dat je je er onbewust mee identificeert. Dan kan het opstaan, je overnemen, ‘jou worden’ en door jou leven. Het moet door jou zijn ‘voedsel’ krijgen. Het voedt zich met ervaringen die doortrokken zijn van zijn eigen soort energie en met alles wat verdere pijn teweegbrengt, in welke vorm dan ook: woede, vernietigingsdrang, haat, rouw, emotionele scènes, geweld en zelfs ziekte. Het pijnlichaam schept dus zodra het de controle over je heeft gekregen, een situatie in je leven die doortrokken is van zijn eigen soort energie, zodat het zich daarmee kan voeden. Pijn kan zich alleen maar voeden met pijn, niet met vreugde. Die is voor pijn volkomen onverteerbaar.

Als het pijnlichaam je heeft overgenomen, wil je meer pijn. Je wordt een slachtoffer of dader. Je wilt pijn toebrengen of pijn lijden of allebei. Er is ook eigenlijk niet veel verschil tussen die twee. Je bent je daar natuurlijk niet bewust van en zegt natuurlijk fel dat je geen pijn wilt. Maar als je wat beter kijkt, zie je vanzelf dat je manier van denken en je gedrag ingesteld zijn op het instandhouden van pijn, zowel voor jezelf als voor anderen. Als je je daar echt bewust van was, zou het patroon oplossen, want pijn willen is krankzinnig en niemand is bewust krankzinnig.

Het pijnlichaam, de donkere schaduw die het ego werpt, is eigenlijk bang voor het licht van je bewustzijn. Het is bang doorzien te worden. Zijn overleving hangt volkomen af van je onbewuste identificatie ermee en van je eigen onbewuste angst om de pijn in jezelf onder ogen te zien. Maar als je die pijn niet onder ogen ziet, het licht van je bewustzijn niet in die pijn brengt, moet je die pijn keer op keer opnieuw beleven.

Misschien vind je het pijnlichaam een gevaarlijk monster en durf je het niet aan te kijken, maar ik kan je verzekeren dat het een krachteloos fantoom is dat het nooit kan opnemen tegen de macht van je aanwezigheid.

Als je begint met deze identificatie te breken en waarnemer wordt, blijft het pijnlichaam nog een tijd functioneren en proberen je ertoe te verleiden je er opnieuw mee te identificeren. Hoewel je het niet meer door je identificatie ermee van energie voorziet, heeft het een zekere kracht, net zoals een wiel dat als het niet meer wordt aangedreven toch nog een tijd blijft draaien. In dit stadium kan het zorgen voor pijn in verschillende delen van het lichaam, maar dat is niet blijvend.

Blijf aanwezig, blijf bewust. Wees de steeds oplettende beschermer van je innerlijke ruimte. Je moet voldoende aanwezig zijn om het pijnlichaam direct te kunnen waarnemen en de energie ervan te voelen. Dan kan het je gedachten niet onder controle krijgen.

Op het moment dat je gedachten zich afstemmen op het pijnlichaam, identificeer je je ermee en voed je het weer met je gedachten. Als bijvoorbeeld woede de hoofdtrilling is van je pijnlichaam en je boze gedachten hebt over wat iemand je heeft aangedaan en wat je hem of haar gaat aandoen, dan ben je onbewust geworden en is het pijnlichaam 'jou' geworden. Waar boosheid is, zit altijd pijn op de achtergrond.

En als je in een sombere stemming komt en je begint volgens een heel negatief patroon te denken over hoe afschuwelijk je leven is, dan is je denken afgestemd op het pijnlichaam zodat je onbewust bent geworden en kwetsbaar bent voor aanvallen van het pijnlichaam.

'Onbewust' in de betekenis die ik er hier aan geef, betekent dat je je identificeert met het een of andere mentale of emotionele patroon. Het impliceert de totale afwezigheid van de waarnemer.

## Zet lijden om in bewustzijn

Langdurige bewuste aandacht snijdt de band tussen het pijnlichaam en je gedachteprocessen door en brengt het veranderingsproces op gang. Het lijkt alsof de pijn de brandstof wordt voor de vlam van je bewustzijn, die als gevolg helderder gaat branden.
Dat is de esoterische betekenis van de oude kunst van de alchemie: de omzetting van een minderwaardig metaal in goud of van lijden in bewustzijn. De breuk in je binnenste geneest en je wordt weer heel. Daarna is het jouw verantwoordelijkheid dat je geen nieuwe pijn meer creëert.

> Vestig je aandacht op het gevoel in je. Besef dat dat het pijnlichaam is. Aanvaard dat het daar is. Ga er niet over nadenken – je moet het voelen niet in denken laten veranderen. Oordeel en moraliseer niet. Ontleen er geen identiteit aan voor jezelf. Blijf aanwezig en blijf de waarnemer van wat er in je omgaat.
> Word je bewust van zowel de emotionele pijn als van 'degene die waarneemt', de zwijgende toeschouwer. Dat is de kracht van het Nu, de kracht van je eigen bewuste aanwezigheid. Let op wat er dan gebeurt.

## Identificatie van het ego met het pijnlichaam

Het proces dat ik zojuist heb beschreven, is bijzonder krachtig en toch heel eenvoudig. Je zou het een kind kunnen leren, en hopelijk komt er een dag dat het een van de eerste dingen is die kinderen op school leren. Als je het basisprincipe begrijpt van het aanwezig-zijn als de toeschouwer van wat er binnen in je gebeurt, en je 'begrijpt' het door het te ervaren, heb je het krachtigste hulpmiddel voor persoonlijke verandering tot je beschikking gekregen dat er bestaat.
Daarmee wil ik niet beweren dat je niet op intense innerlijke weerstand zult stuiten als je werkt aan het opgeven van de identificatie met je pijn. Dat kan vooral gebeuren als je je een groot deel van je leven sterk met je emotionele pijnlichaam geïdentificeerd hebt en je er je zelfbesef grotendeels of helemaal aan ontleent. Dat betekent dat je aan het pijnlichaam een ongelukkig zelf hebt ontleend en gelooft dat jij dat verzinsel van je verstand bent. In dat geval roept de onbewuste angst voor het verlies van je identiteit een sterke weerstand tegen het opheffen van die identificatie op. Met andere woorden: je hebt liever pijn (bent het pijnlichaam) dan de sprong in het onbekende te wagen en het verlies van het ongelukkige zelf te riskeren.

> Observeer het verzet in je. Observeer de gehechtheid aan je pijn. Wees heel alert. Observeer het eigenaardige plezier dat je ontleent aan het ongelukkig-zijn. Observeer de dwangmatige behoefte om erover te praten of eraan te denken. Het verzet verdwijnt als je het bewust maakt.
> Je kunt vervolgens je aandacht richten op je pijnli-

chaam, aanwezig blijven als getuige en met de omzetting ervan beginnen.

Alleen jij kunt dit doen. Niemand kan het voor je doen. Maar als je het geluk hebt iemand te kennen die erg bewust is en je kunt geregeld met die persoon samen zijn en gezamenlijk in een toestand van aanwezigheid verkeren, kan dat helpen het proces te versnellen. Op die manier wordt je eigen licht al snel sterker.

Als een blok hout dat net is begonnen te branden tegen een fel brandend blok wordt aangelegd en na een tijdje weer weggehaald wordt, brandt het eerste blok veel feller. Het is tenslotte hetzelfde vuur. Zo'n vuur te zijn is een van de functies van een geestelijk leraar. Sommige therapeuten kunnen die functie misschien ook vervullen, gesteld tenminste dat ze het niveau van het verstand achter zich gelaten hebben en in een toestand van verhoogde bewuste aanwezigheid kunnen blijven zolang ze met je aan het werk zijn.

Het belangrijkste om te onthouden is dit: zolang je voor jezelf een identiteit ontleent aan de pijn, kun je je er niet van bevrijden. Zolang een deel van je zelfbesef verbonden is aan je emotionele pijn, blijf je bij elke poging om die pijn te genezen onbewust geneigd je daartegen te verzetten en haar te saboteren.

En waarom? Heel eenvoudig omdat je jezelf intact wilt houden en de pijn een essentieel onderdeel van jezelf is geworden. Het is een onbewust proces en de enige manier om het te overwinnen is het bewust te maken.

## De macht van je aanwezigheid

> Als je opeens ziet dat je aan je pijn gehecht bent of bent geweest, kan dat heel schokkend zijn. Op het moment dat je het inziet, is de band verbroken.

Het pijnlichaam is een energieveld, bijna een entiteit, dat tijdelijk onderdak heeft gevonden in je binnenruimte. Het is opgesloten levensenergie, energie die niet meer stroomt. Natuurlijk zit het pijnlichaam daar vanwege bepaalde dingen die in het verleden gebeurd zijn. Het is het verleden dat in jou voortleeft, en als je je ermee identificeert, identificeer je je met het verleden. Een slachtofferidentiteit is het geloof dat het verleden sterker is dan het heden, maar het tegendeel is waar. Het is het geloof dat andere mensen, en wat die je hebben aangedaan, verantwoordelijk zijn voor wie je nu bent, voor je emotionele pijn of je onvermogen echt jezelf te zijn. De waarheid is dat de enige macht die er is, vervat is in dit moment: het is de macht van je aanwezigheid. Als je dat eenmaal weet, besef je dat jij nu verantwoordelijk bent voor je binnenruimte – jij en niemand anders – en dat het verleden het niet op kan nemen tegen de kracht van het Nu.

Onbewustheid schiep het, bewustheid zet het om in zichzelf. Paulus heeft dit universele principe heel mooi verwoord: 'Alles komt tevoorschijn als het aan het licht wordt blootgesteld, en wat aan het licht wordt blootgesteld, wordt zelf licht.' Net zoals je niet tegen het donker kunt vechten, kun je niet tegen het pijnlichaam vechten. Elke poging daartoe leidt tot innerlijk conflict en daarmee tot meer pijn. Het is voldoende het te observeren. Dat betekent dat je het aanvaardt als onderdeel van wat op dat moment ís.

# 7. Van verslavende naar verlichte relaties

## Haat-liefdeverhoudingen

Tenzij en totdat je toegang krijgt tot de bewustzijnsfrequentie van het aanwezig-zijn, zijn al je relaties, en in het bijzonder je intieme relaties, in diepe zin gebrekkig en uiteindelijk verstorend. Een tijd lang lijken ze misschien volmaakt, zoals wanneer je verliefd bent, maar die schijnbare volmaaktheid wordt altijd weer verstoord als woordenwisselingen, conflicten, ontevredenheid en emotioneel en zelfs fysiek geweld elkaar steeds vaker gaan opvolgen.
Het lijkt erop dat de meeste 'liefdesrelaties' binnen korte tijd veranderen in haat-liefdeverhoudingen. Liefde kan dan in een oogwenk veranderen in meedogenloze aanvallen, vijandige gevoelens of een volledig verdwijnen van de genegenheid. Dat wordt als normaal beschouwd.
Als je in een relatie zowel 'liefde' als het tegendeel van liefde – agressie, emotioneel geweld, enzovoort – ervaart, dan verwar je waarschijnlijk gehechtheid aan het ego en een verslavend je vastklampen met liefde. Je kunt niet het ene mo-

ment van je partner houden en hem of haar het volgende moment onder vuur nemen. Ware liefde heeft geen tegendeel. Als jouw 'liefde' er wel een heeft, dan is het geen liefde maar een sterke behoefte van het ego aan een completer en dieper zelfbesef, een behoefte waarin de ander tijdelijk voorziet. Het is het surrogaat van het ego voor de verlossing, en korte tijd voelt het ook bijna aan als verlossing.
Maar er komt een moment dat je partner zich zo gedraagt dat er niet meer aan je behoeften, of liever die van het ego, tegemoetgekomen wordt. Op dat moment komen de gevoelens van angst, pijn en gebrek die een wezenlijk onderdeel zijn van je ikzuchtige bewustzijn maar door de 'liefdesrelatie' een tijdje waren toegedekt, weer aan de oppervlakte.
Net als bij elke verslaving ben je high als je de drug tot je beschikking hebt, maar onvermijdelijk komt het moment dat de drug niet meer werkt.
Als de pijnlijke gevoelens dan terugkeren, voel je ze sterker dan daarvoor, en bovendien zie je nu je partner als de oorzaak van die gevoelens. Dat betekent dat je ze naar buiten projecteert en de ander aanvalt met al het meedogenloze geweld dat hoort bij je pijn.
Met die aanval wek je misschien de pijn van je partner, die vervolgens de tegenaanval in kan zetten. Op dat moment hoopt het ego nog onbewust dat zijn aanval of poging tot manipulatie voldoende straf is om je partner ertoe te bewegen zich anders te gaan gedragen, zodat die weer als een dekmantel kan dienen voor je pijn.
Elke verslaving komt voort uit de onbewuste weigering je eigen pijn onder ogen te zien en te boven te komen. Elke verslaving begint met pijn en eindigt ermee. Waaraan je ook verslaafd bent, alcohol, eten, drugs of een bepaalde persoon, je

gebruikt iets of iemand als dekmantel voor je pijn.
Daarom zie je ook zoveel ongelukkigheid en zoveel pijn in intieme relaties als de aanvankelijke euforie voorbij is. Ze veróórzaken geen pijn en ongelukkigheid, ze brengen alleen de pijn die al in jou aanwezig is naar buiten. Elke verslaving doet dat. In elke verslaving komt er een moment dat zij geen effect meer heeft en dan voel je de pijn sterker dan ooit.
Dat is een van de redenen waarom mensen altijd weer proberen te ontsnappen aan het huidige moment en zoeken naar een soort verlossing in de toekomst. Het eerste dat ze waarschijnlijk tegenkomen als ze hun aandacht op het Nu vestigen, is hun eigen pijn, en daar zijn ze bang voor. Wisten ze maar hoe makkelijk het is in het Nu toegang te krijgen tot de macht van de aanwezigheid die het verleden en de daaraan verbonden pijn verdrijft, de werkelijkheid die de illusie doorprikt. Wisten ze maar hoe dicht ze bij hun eigen werkelijkheid, hoe dicht ze bij God zijn.
Relaties uit de weg gaan in een poging aan pijn te ontkomen is ook geen oplossing. De pijn is er toch. Het is waarschijnlijker dat drie mislukte relaties in evenveel jaren je dwingen te ontwaken dan een verblijf van drie jaar op een onbewoond eiland of opgesloten in je eigen kamer. Maar als je intense aanwezigheid in je alleenzijn kunt brengen, zou ook dat voor jou kunnen werken.

## Van verslavende naar verlichte relaties

Of je nu alleenstaand bent of een partner hebt, dit blijft de sleutel: aanwezig te zijn en met je aandacht nog dieper in het Nu door te dringen.
Als je de liefde wilt laten opbloeien, moet het licht van je

aanwezigheid zo sterk zijn dat je je niet meer laat overnemen door de denker of het pijnlichaam en die aanziet voor wie je bent.
Jezelf te kennen als het Zijn onder de denker, de stilte onder de mentale ruis, de liefde en vreugde onder de pijn, is vrijheid, verlossing, verlichting.
Je identificatie met het pijnlichaam opgeven houdt in dat je aanwezigheid in de pijn brengt en de pijn zo omzet. De identificatie met de denker opgeven betekent dat je de stille waarnemer bent van je gedachten en je gedrag, vooral van de zich herhalende patronen van je verstand en de rollen die het ego speelt.
Als je het niet meer voedt met 'zelfheid', verliest het verstand zijn dwangmatige karakter, dat vooral de drang is om te oordelen, en zo te weerstaan wat is, wat conflicten, dramatiek en nieuwe pijn schept. Op het moment dat je ophoudt met oordelen door te aanvaarden wat is, ben je bevrijd van het verstand. Je hebt ruimte gemaakt voor liefde, voor vreugde, voor vrede.

> Eerst stop je met het veroordelen van jezelf, dan met het veroordelen van je partner. De beste katalysator voor verandering in een relatie is volkomen aanvaarding van je partner zoals hij of zij is zonder hem of haar te hoeven beoordelen of veranderen.
> Daardoor laat je het ego onmiddellijk achter je. Alle spelletjes van het verstand en al het je vastklampen zijn dan voorbij. Er zijn geen slachtoffers en daders meer, ook geen aanklagers en beschuldigden.

Dat is ook het einde van alle wederzijdse afhankelijkheid, van het aangetrokken worden door de onbewuste patronen van een ander en die daardoor laten voortduren. Je gaat dan – liefdevol – uit elkaar of je gaat samen nog dieper het Nu in. Kan het echt zo eenvoudig zijn? Ja, zo eenvoudig is het. Liefde is een toestand van Zijn. Je liefde is niet iets buiten je; ze zit diep in je. Je kunt haar nooit verliezen en ze kan je nooit verlaten. Ze is niet afhankelijk van een ander lichaam, van een uiterlijke vorm.

> In de stilte van je aanwezigheid kun je je eigen tijd- en vormeloze werkelijkheid voelen als het ongemanifesteerde leven dat je fysieke vorm bezielt. Je voelt dan hetzelfde leven diep in ieder ander mens en elk ander schepsel. Je kijkt door de sluier van vorm en afgescheidenheid heen. Dat is het verwezenlijken van eenheid. Dat is liefde.

Je kunt wel een korte glimp opvangen, maar ware liefde ontstaat pas echt als je je voor altijd bevrijd hebt van je identificatie met je verstand en je aanwezigheid zo intens is dat je het pijnlichaam kunt oplossen of in elk geval aanwezig kunt blijven als de toeschouwer. Het pijnlichaam kan je dan niet in zijn macht krijgen en de liefde kapotmaken.

## Relaties als spirituele oefening

Omdat de mensen zich steeds meer met hun verstand zijn gaan identificeren, zijn de meeste relaties niet geworteld in Zijn en zo veranderen ze in een bron van pijn en worden ze beheerst door problemen en conflicten.

Als relaties ikzuchtige denkpatronen van energie voorzien en uitvergroten en het pijnlichaam activeren, zoals in deze tijd gebeurt, waarom zou je dat feit dan niet accepteren in plaats van te proberen eraan te ontsnappen? Waarom zou je er niet mee samenwerken in plaats van relaties uit de weg te gaan of achter het spookbeeld van een ideale partner aan te blijven jagen als antwoord op je problemen of als een manier om je vervuld te voelen?

Met de erkenning en aanvaarding van de feiten komt ook een zekere mate van vrijheid ervan.

Als je bijvoorbeeld wéét dat er disharmonie is en je houdt vast aan dat 'weten', dan komt er door dat weten een nieuwe factor in het spel en kan de disharmonie niet hetzelfde blijven.

> Als je weet dat je je niet op je gemak voelt, schept dat weten een stille ruimte die je onvrede liefdevol en teder omhult en dan je onvrede verandert in vrede.
>
> Aan de innerlijke transformatie kun je zelf niets *doen*. Je kunt jezelf niet veranderen, en je partner of zomaar iemand anders al helemaal niet. Het enige wat je kunt doen is een ruimte te maken waarin die transformatie kan plaatsvinden, waar genade en liefde kunnen binnenkomen.

Dus wanneer je relatie niet goed is, wanneer die de 'razernij' in jezelf en je partner naar boven brengt, wees dan blij. Wat onbewust was, wordt nu aan het licht gebracht. Het is een gelegenheid voor verlossing.

> Houd op elk moment het weten van dat moment vast, vooral van je innerlijke toestand. Als er woede is, weet dan dat die woede er is. Als je jaloezie voelt, een defensieve houding, de drang tot redetwisten, de behoefte gelijk te krijgen, een kind in je dat om liefde en aandacht vraagt, of emotionele pijn van wat voor aard dan ook – wat het ook is, ken de werkelijkheid van dat moment en houd vast aan dat weten.

De relatie wordt dan je *sadhana*, je spirituele oefening. Als je onbewust gedrag bij je partner waarneemt, houd dat dan in de liefdevolle omhelzing van je weten zodat je niet reageert. Onbewustheid en weten kunnen niet lang naast elkaar bestaan – zelfs als dat weten alleen bij de ander bestaat en niet in degene die onbewust handelt. De energievorm achter vijandigheid en aanval vindt de aanwezigheid van liefde absoluut onverdraaglijk. Als je, op welke manier dan ook, reageert op de onbewustheid van je partner, word je zelf ook onbewust. Maar als je je dan herinnert dat het erom gaat dat je je reactie kent, is er niets verloren.

Nog nooit zijn relaties zo problematisch en met conflicten beladen geweest als nu. Zoals je misschien hebt opgemerkt, zijn ze er niet om je gelukkig te maken en de vervulling van je leven te bewerkstelligen. Als je het doel van verlossing door middel van een relatie blijft nastreven, zul je keer op keer teleurgesteld worden. Maar als je aanvaardt dat de relatie er is om je in plaats van gelukkig bewust te maken, dan schenkt de relatie je de verlossing wel en dan stem je je af op het hogere bewustzijn dat in deze wereld geboren wil worden.

Voor degenen die vasthouden aan de oude patronen komt er steeds meer pijn, verwarring en waanzin.

Hoeveel mensen zijn er nodig om van jouw leven een spirituele oefening te maken? Het maakt niets uit als je partner niet mee wil doen. Geestelijke gezondheid – bewustzijn – kan alleen in deze wereld komen door toedoen van jou. Je hoeft niet te wachten tot de wereld bij zinnen komt of tot iemand anders bewust wordt voordat jij de verlichting kunt bereiken. Dan kun je wachten tot je een ons weegt.
Beschuldig elkaar er niet van dat je onbewust bent. Op het moment dat je aan een woordenwisseling begint, identificeer je je met een verstandelijke positie en verdedig je niet alleen dat standpunt maar ook je zelfbesef. Het ego heeft de leiding genomen. Je bent onbewust geworden. Een enkele keer kan het goed zijn op bepaalde aspecten van het gedrag van je partner te wijzen. Als je erg alert, erg aanwezig bent, kun je dat ook doen zonder dat je ego erbij betrokken raakt – zonder verwijten te maken, te beschuldigen of de ander als slecht af te schilderen.
Als je partner onbewust wordt, laat dan al je oordelen varen. Oordelen houdt in dat je iemands onbewuste gedrag verwart met wie hij of zij werkelijk is, ofwel dat je je eigen onbewustheid projecteert op de ander en dat aanziet voor wie hij of zij is.
Het laten varen van oordelen betekent niet dat je een slecht functioneren van de relatie en onbewustheid niet herkent als je ermee te maken krijgt. Het betekent 'de wetende zijn' in plaats van 'de reactie zijn', de rechter zijn. Dan ben je ofwel helemaal vrij van de reactie, ofwel je reageert maar bent nog steeds de wetende, de ruimte waarin je de reactie waarneemt

en er laat zijn. In plaats van dat je tegen het duister vecht, laat je het licht binnen. In plaats van te reageren op de misvatting zie je die misvatting en tegelijk zie je erdoorheen.
Als je de wetende bent, ontstaat er een heldere ruimte van liefdevolle aanwezigheid die alle dingen en alle mensen laat zijn zoals ze zijn. Er is geen betere katalysator voor transformatie. Als je daarmee gaat werken, kan je partner niet bij je blijven en tegelijkertijd in onbewustheid volharden.
Als jullie het erover eens zijn dat de relatie een spirituele oefening voor jullie is, des te beter. Je kunt dan gedachten en gevoelens tegenover elkaar uiten zodra ze bij je opkomen of zodra er een reactie bij je opkomt. Zo geef je een onverwachte of niet erkende emotie of grief niet de tijd om te gaan knagen of groeien.

> Leer te uiten hoe je je voelt zonder de ander ergens de schuld van te geven. Leer open en zonder je defensief op te stellen naar je partner te luisteren. Geef je partner de ruimte om zich uit te spreken. Wees aanwezig. Beschuldigen, je verdedigen, aanvallen: al deze gedragspatronen die bedoeld zijn om het ego te versterken, te verdedigen of in de behoeften daarvan te voorzien, worden dan overbodig. Ruimte geven aan andere mensen, en aan jezelf, is enorm belangrijk. Zonder ruimte kan de liefde niet gedijen.

Als je de twee factoren die relaties verstoren, hebt verwijderd – dat wil zeggen, als je het pijnlichaam hebt omgevormd en je je niet meer met je verstand en mentale standpunten identificeert – en je partner heeft hetzelfde gedaan, dan ervaar je

de gelukzaligheid van een bloeiende relatie. In plaats van elkaars pijn en onbewustheid te weerkaatsen en de wederkerige verslavende behoeften van je ego te bevredigen, weerspiegel je de liefde die je diep vanbinnen voelt voor elkaar, de liefde die komt met het besef dat je één bent met al wat is. Dat is dan de liefde zonder tegenpool.
Als je partner zich nog met zijn of haar verstand en pijnlichaam identificeert terwijl jij je daar al van verlost hebt, is dat een grote uitdaging – niet voor jou maar voor je partner. Het valt niet mee met iemand te leven die verlicht is, of liever gezegd: het is zo makkelijk dat het verstand het als uiterst bedreigend ervaart.
Bedenk dat het verstand problemen, conflicten en 'vijanden' nodig heeft om het gevoel van afgescheiden-zijn, waar zijn identiteit van afhankelijk is, te versterken. Het verstand van de onverlichte partner raakt geweldig gefrustreerd omdat zijn vaste standpunten niet worden uitgedaagd, wat inhoudt dat ze zwak en wankel worden. Het 'gevaar' bestaat zelfs dat ze helemaal instorten, met als gevolg verlies van het zelfbesef. Het pijnlichaam eist respons maar krijgt die niet. Er wordt niet voorzien in de behoefte aan redetwisten, drama en conflicten.

## Geef je relatie met jezelf op

Verlicht of niet, je bent een man of een vrouw. Op het niveau van je vormidentiteit ben je dus niet compleet. Je bent maar één helft van het geheel. Die incompleetheid voel je als de aantrekkingskracht tussen man en vrouw, het aangetrokken worden door de tegengestelde energiepolariteit, ongeacht hoe bewust je bent. Maar in die toestand van verbondenheid

met je innerlijk voel je die aantrekkingskracht meer aan de oppervlakte of de periferie van je leven.
Dat betekent niet dat je geen diepe relaties meer aangaat met andere mensen of met je partner. In feite kun je alleen diepe relaties aangaan als je je bewust bent van Zijn. Als je uit Zijn komt, kun je door de sluier van de vorm heen zien. In Zijn zijn man en vrouw één. Je vorm kan bepaalde behoeften blijven hebben, maar Zijn heeft er geen. Het is al compleet en heel. Als er aan je behoeften tegemoet wordt gekomen, is dat mooi, maar of dat nu wel of niet gebeurt, maakt weinig uit voor je diepe innerlijke toestand.
Zo is het heel goed mogelijk dat een verlicht iemand, als de behoefte aan de polariteit tussen man en vrouw niet bevredigd wordt, zich uiterlijk incompleet voelt en tegelijk innerlijk compleet, vervuld en vredig.
Als je je niet volkomen op je gemak kunt voelen als je alleen bent, begin je een relatie om dat onbehagen te verhullen. Reken er maar op dat het onbehagen dan in de een of andere vorm terugkomt in die relatie en dat je waarschijnlijk je partner daar verantwoordelijk voor stelt.

> Je hoeft echt alleen maar het huidige moment te aanvaarden, meer is niet nodig. Dan voel je je prettig in het hier-en-nu en met jezelf.

Maar is een relatie met jezelf wel nodig? Waarom kun je niet gewoon jezelf zijn? Als je een relatie hebt met jezelf, heb je jezelf in tweeën gespleten: 'ik' en 'mezelf', subject en object. Die door het verstand geschapen dualiteit is de hoofdoorzaak van alle onnodige complexiteit, van alle problemen en conflicten in je leven.

In de toestand van verlichting ben je jezelf – 'jij' en 'jezelf' gaan in elkaar over en worden één. Je veroordeelt jezelf niet, bent niet zo met jezelf begaan, je bent niet trots op jezelf, je houdt niet van jezelf, je hebt geen hekel aan jezelf, enzovoort. De scheiding die ontstaan is door het nadenken over jezelf is geheeld, de vloek ervan is weggenomen. Er is geen 'zelf' dat je nog hoeft te beschermen, verdedigen of voeden. Er is één relatie die je niet meer hebt als je verlicht bent: die met jezelf. Als je die hebt opgegeven, worden al je andere relaties liefdesrelaties.

# Deel 3
## *Aanvaarding en overgave*

Als je je overgeeft aan wat is
en zo helemaal aanwezig wordt,
verliest het verleden al zijn macht.
Dan gaat het rijk van Zijn open,
dat door het verstand verduisterd was.
Opeens komt er een grote stilte in je op,
een onpeilbaar gevoel van vrede.
En in die vrede is grote vreugde.
En in die vreugde is liefde.
En helemaal in de binnenste kern is het heilige,
het onmeetbare, Dat waarvoor geen naam is.

# 8. Aanvaarding van het Nu

## Vergankelijkheid en de levenscycli

Er zijn cycli van succes, waarin de dingen naar je toe komen en het je goed gaat, en cycli van mislukking, waarin ze verdorren en uiteenvallen en je ze moet loslaten om ruimte te maken zodat er nieuwe dingen kunnen gaan groeien, of voor transformatie. Als je je op dat moment vastklampt en verzet biedt, weiger je in feite mee te gaan met de stroom van het leven, en dan ontkom je niet aan leed. De ontbinding is nodig om ruimte te maken voor nieuwe groei. Het een kan niet bestaan zonder het ander. Het neerwaartse deel van de cyclus is absoluut noodzakelijk voor spirituele groei. Je moet op een of ander vlak volkomen mislukt zijn of een groot verlies of veel pijn hebben ervaren om naar de geestelijke dimensie te worden getrokken. Of misschien werd juist je succes leeg en verloor het zijn betekenis, zodat het een mislukking bleek te zijn. Mislukking is verborgen in elk succes en succes in elke mislukking. In deze wereld, dat wil zeggen in de wereld van de vormen, 'mislukt' iedereen natuurlijk vroeg of laat, en alles wat je bereikt, loopt uiteindelijk op niets uit. Alle vormen zijn vergankelijk.

Je kunt actief blijven en genieten van het manifesteren en scheppen van nieuwe vormen en omstandigheden, maar je identificeert je er niet meer mee. Je hebt ze niet meer nodig om er een gevoel van eigenwaarde aan te ontlenen. Ze zijn je leven niet meer, alleen maar je levenssituatie.
Een cyclus kan een paar uur duren maar ook een paar jaar. Je hebt lange cycli en daarbinnen treden weer kortere cycli op. Veel ziekten ontstaan door het vechten tegen deze cycli met weinig energie, die van levensbelang zijn voor regeneratie. De dwang om te doen en de neiging om je gevoel van eigenwaarde en identiteit te ontlenen aan uiterlijke factoren zoals succes, is een onvermijdelijke illusie zolang je je met je verstand identificeert.
Dat maakt het moeilijk of onmogelijk voor je om de cycli met weinig energie te aanvaarden en ze er te laten zijn. Dus neemt de intelligentie van het organisme het uit zelfverdediging tijdelijk over en schept een ziekte, waardoor je gedwongen bent te stoppen zodat het nodige herstel kan plaatsvinden.
Zolang een toestand door je verstand als 'goed' wordt beoordeeld, of dat nu een relatie, bezit, een maatschappelijke rol, een plaats of je stoffelijke lichaam is, hecht het verstand zich daaraan en identificeert het zich ermee. Het maakt je gelukkig, het geeft je een goed gevoel over jezelf en het kan een deel worden van wie je bent of denkt te zijn.
Maar niets is blijvend in deze dimensie waarin de mot en de roest alles verteren. Er komt een eind aan of het verandert, of ondergaat een polariteitsverschuiving: de toestand die gisteren of vorig jaar goed was, is opeens of geleidelijk veranderd in slecht. De toestand die je eerst gelukkig maakte, maakt je dan ongelukkig. De voorspoed van vandaag wordt de lege

consumptiedwang van morgen. Het gelukkige huwelijk en de wittebroodsweken veranderen in de ongelukkige scheiding of een ongelukkig samenleven.
Of de toestand verdwijnt, zodat de afwezigheid ervan je ongelukkig maakt. Als een toestand of situatie waaraan het verstand gehecht is geraakt en waarmee het zich geïdentificeerd heeft, verandert of verdwijnt, kan het verstand dat niet aanvaarden. Het klampt zich vast aan de verdwijnende toestand en verzet zich tegen de verandering. Het is alsof er een arm of been van je lichaam wordt afgerukt.
Dat betekent dat je geluk en je ongeluk in werkelijkheid één zijn. Ze zijn alleen door de illusie van de tijd van elkaar gescheiden.

> Als je geen verzet biedt tegen het leven, verkeer je in een toestand van genade, welbehagen en lichtheid. Deze toestand is niet meer afhankelijk van hoe het om je heen is, goed of slecht.

Het lijkt wel een paradox, maar als je innerlijke afhankelijkheid van de vormen verdwenen is, verbeteren de algemene omstandigheden van je leven, de uiterlijke vormen, meestal aanzienlijk. De dingen, mensen of omstandigheden die je dacht voor je geluk nodig te hebben, komen nu vanzelf naar je toe, zonder dat je er iets voor hoeft te doen, en je kunt ervan genieten en ze waarderen – zolang het duurt.
Al deze dingen vergaan natuurlijk weer, cycli blijven komen en gaan, maar omdat je er niet meer van afhankelijk bent, ben je niet meer bang voor verlies. Het leven stroomt zonder schokken voort.
Het geluk dat je ontleent aan een secundaire bron, gaat nooit

erg diep. Het is slechts een flauwe afspiegeling van de vreugde van Zijn, de levende vrede die je in jezelf vindt als je de toestand van het je niet meer verzetten ingaat. Zijn haalt je weg uit de polaire tegenstellingen van het verstand en bevrijdt je van de afhankelijkheid van de vormen. Zelfs als alles om je heen zou instorten en afbrokkelen, zou je nog steeds een diepe innerlijke kern van vrede voelen. Je bent dan misschien niet gelukkig, maar je hebt wel vrede.

## Negativiteit gebruiken en loslaten

Al het innerlijke verzet wordt ervaren als negativiteit in de een of andere vorm. Alle negativiteit is verzet. In deze context zijn deze twee woorden vrijwel synoniem.
Negativiteit varieert van irritatie of ongeduld tot hevige woede, van een sombere stemming of norse verontwaardiging tot suïcidale wanhoop. Soms prikkelt het verzet het emotionele pijnlichaam, en in zulke gevallen kan een onbetekenende situatie tot intense negativiteit leiden, zoals woede, depressie en groot verdriet.
Het ego gelooft dat het met die negativiteit de werkelijkheid kan manipuleren en kan krijgen wat het wil. Het gelooft dat het daardoor wenselijke omstandigheden kan aantrekken of onwenselijke omstandigheden kan verdrijven.
Als 'jij', dat wil zeggen, het verstand, niet geloofde dat ongelukkig zijn werkt, waarom zou je dan nog ongelukkigheid creëren? Het is echter een feit dat negativiteit niet werkt. Negativiteit trekt geen wenselijke omstandigheden aan, maar verhindert dat ze ontstaan. Negativiteit verdrijft onwenselijke omstandigheden niet, maar houdt die in stand. De enige 'nuttige' functie van negativiteit is dat die het ego versterkt,

en om die reden is het ego er zo gek op.
Als je je identificeert met een bepaalde vorm van negativiteit, wil je die niet meer laten varen, en op een diep onbewust niveau wil je geen verandering ten goede. Het zou je identiteit als depressief, boos en slecht behandeld mens maar bedreigen. Je gaat dan het positieve in je leven negeren, ontkennen of saboteren. Dat is een bekend verschijnsel. Het is ook krankzinnig.

> Observeer een plant of een dier en leer ervan te aanvaarden wat is, je over te geven aan het Nu.
> Leer ervan wat Zijn is.
> Leer ervan wat integriteit is – dat wil zeggen, één geheel te zijn, jezelf of echt te zijn.
> Leer ervan te leven en te sterven, en hoe je voorkomt dat je van je leven en sterven een probleem maakt.

Terugkerende negatieve emoties bevatten soms wel degelijk een boodschap, net zoals ziekten. Maar alle veranderingen die je aanbrengt, of die nu met je werk te maken hebben, met je relaties of met je omgeving, zijn op termijn alleen maar cosmetisch als ze niet voortkomen uit een verandering in je bewustzijnsniveau. En dat kan maar één ding betekenen: in hoge mate aanwezig worden. Als je een bepaalde mate van bewustzijn hebt bereikt, heb je de negativiteit niet meer nodig om je te vertellen wat er nodig is in je levenssituatie. Maar zolang de negativiteit er is, moet je haar gebruiken. Gebruik haar als een signaal dat je eraan herinnert dat je in hoge mate aanwezig moet zijn.

> Telkens als je negativiteit in je voelt opkomen, of dat nu komt door een factor van buiten, door een gedachte, of door niets in het bijzonder, althans niet iets waarvan je je bewust bent, moet je dat beschouwen als een stem die tegen je zegt: 'Attentie – Hier en nu – Word wakker. Kom uit je hoofd. Wees aanwezig.'
> Zelfs de geringste irritatie is al veelbetekenend en moet erkend en bekeken worden; anders ontstaat er een opeenhoping van ongeobserveerde reacties.

Misschien ben je in staat het te laten vallen als je beseft dat je dat energieveld niet in je wilt hebben en dat het nergens toe dient. Maar let er dan wel op dat je het ook helemaal loslaat. Als je het niet kunt loslaten, aanvaard dan dat het er is en richt je aandacht op dat gevoel.

> Een alternatief voor het laten varen van een negatieve reactie is die te laten verdwijnen door je voor te stellen dat je doorzichtig wordt voor de uiterlijke oorzaak van die reactie.

Ik raad je aan dit in het begin te oefenen met kleine, misschien zelfs triviale dingen. Laten we zeggen dat je rustig thuis zit. Opeens hoor je het doordringende geluid van een autoalarm van de overkant van de straat komen. Er komt irritatie bij je op. Wat is het doel van de irritatie? Geen enkel. Waarom heb je die dan in het leven geroepen? Je hebt die niet in het leven geroepen. Je verstand deed dat. Het ging helemaal automatisch, helemaal onbewust.
Waarom deed het verstand dat? Omdat het onbewust gelooft

dat dit verzet, dat je ervaart als negativiteit of ongelukkig, in de een of andere vorm, op de een of andere manier een einde kan maken aan de ongewenste toestand. Dat is natuurlijk een hersenschim. Het verzet dat het voortbrengt, in dit geval de irritatie of boosheid, is veel verstorender dan de oorzaak die het probeert te laten verdwijnen.
Van dit alles kun je een geestelijke oefening maken.

> Stel je voor dat je helemaal transparant wordt, dat je geen massief lichaam meer hebt. Laat nu het geluid, of een andere oorzaak van een negatieve reactie, dwars door je heen gaan. Het botst niet meer op een massieve 'muur' in je innerlijk.

Zoals ik al zei, moet je eerst met kleine dingen oefenen. Het autoalarm, die blaffende hond, het gekrijs van de kinderen, de verkeersopstopping. In plaats van dat de muur van verzet in je voortdurend pijnlijk geraakt wordt door dingen 'die niet horen te gebeuren', laat je al die dingen door je heen gaan.
Iemand zegt iets tegen je dat grof of kwetsend bedoeld is. In plaats van te vervallen in een onbewuste reactie en negativiteit, zoals aanval, verdediging of je terugtrekken, kun je die opmerking ook dwars door je heen laten gaan. Bied er geen verzet tegen. Dan is het net alsof er niemand meer is om te kwetsen. Dat is vergeving. Op die manier word je onkwetsbaar.
Je kunt natuurlijk tegen die persoon zeggen dat zijn of haar gedrag onaanvaardbaar is, als je dat wilt. Maar die persoon heeft niet meer de macht om over je innerlijke toestand te heersen. Je bent dan in de macht van jezelf – niet in die van iemand anders, en je wordt ook niet bestuurd door je ver-

stand. Of het nu een autoalarm is, een grof iemand, een overstroming, een aardbeving, het verlies van al je bezittingen, het mechanisme van verzet is in alle gevallen hetzelfde.
Je zoekt nog steeds buiten jezelf en je kunt niet ophouden met zoeken. Misschien heeft de volgende workshop het antwoord, misschien die nieuwe techniek. Ik zou tegen jou willen zeggen:

> Zoek niet naar vrede. Zoek helemaal niet naar een andere toestand dan die waarin je nu verkeert, want anders bouw je innerlijk conflict en onbewust verzet op.
> Vergeef jezelf dat je geen vrede hebt. Op het moment dat je je onvrede volkomen aanvaardt, wordt die onvrede veranderd in vrede. Alles wat je volledig aanvaardt, zal je daar brengen, brengt je naar de vrede. Dat is het wonder van de overgave.
> Als je aanvaardt wat is, wordt elk moment het beste. Dat is verlichting.

## Het wezen van mededogen

> Als je de door het verstand geschapen tegenstellingen achter je hebt gelaten, word je net een diep meer. De uiterlijke situatie van je leven en wat er daar gebeurt, is de oppervlakte van het meer. Die is soms rustig, soms winderig en ruw, helemaal afhankelijk van de cyclus van de seizoenen. Maar in de diepte is het meer altijd onberoerd. Jij bent dat hele meer, niet alleen maar de oppervlakte, en je staat in contact met je eigen diepte, die volkomen stil blijft.

Je verzet je niet tegen verandering door je mentaal vast te klampen aan een bepaalde situatie. Je innerlijke vrede hangt er niet van af. Je verblijft in Zijn – onveranderlijk, tijdloos, onsterfelijk – en je bent voor vervulling of geluk niet meer afhankelijk van de uiterlijke wereld van voortdurend veranderende vormen. Je kunt ervan genieten, ermee spelen, nieuwe vormen maken, de schoonheid van dat alles waarderen. Maar je hebt niet meer de behoefte om je eraan te hechten.
Zolang je je niet bewust bent van Zijn, ontgaat de werkelijkheid van de andere mensen je, omdat je die van jezelf nog niet gevonden hebt. Je verstand vindt hun vorm, die niet alleen hun lichaam is maar ook hun verstand, leuk of niet leuk. Een echte relatie wordt pas mogelijk als je je bewust bent van Zijn.
Als je uit Zijn komt, zie je het lichaam en het verstand van een ander als niet meer dan een scherm, waarachter je hun ware werkelijkheid voelt, zoals je die van jezelf voelt. Zo blijf je als je geconfronteerd wordt met het lijden of het onbewuste gedrag van een ander aanwezig en in contact met Zijn en zo kun je door de vorm heen zien en het stralende en zuivere Zijn van die ander ervaren door dat van jezelf.
Op het niveau van Zijn ervaar je al het lijden als een illusie. Lijden is het gevolg van de identificatie met vorm. Wonderbaarlijke genezingen treden soms op door dat inzicht, door het bewustzijn van Zijn in andere mensen wakker te maken – als ze daar rijp voor zijn.
Mededogen is het besef van een diepe band tussen jezelf en alle schepselen. Denk er de volgende keer dat je zegt: 'Ik heb niets gemeen met deze persoon' maar aan dat je heel veel met die ander gemeen hebt: over een paar jaar, twee of zeventig, dat maakt niet veel uit, zijn jullie allebei rottende lij-

ken, nog weer later niet meer dan wat stof en nog later is er helemaal niets meer van jullie over. Dat is een ontnuchterende en nederig stemmende gedachte, die weinig ruimte overlaat voor trots.
Is dat een negatieve gedachte? Nee, het is een feit. Waarom zou je je ogen ervoor sluiten? In dat opzicht bestaat er totale gelijkheid tussen jou en elk ander schepsel.

> Een van de krachtigste spirituele oefeningen is diep mediteren over de sterfelijkheid van de stoffelijke vormen, ook die van jezelf. Die oefening heet: sterven voordat je sterft.
> Dring er diep in door. Je stoffelijke vorm valt uiteen, is er niet meer. Dan komt er een moment waarop alle verstandelijke vormen of gedachten ook sterven. Maar jij bent er nog steeds – de goddelijke aanwezigheid die je bent. Stralend, helemaal aanwezig.
> Niets dat echt was, is ooit gestorven, alleen maar namen, vormen en illusies.
> Op dat diepe niveau wordt mededogen een helende kracht in de ruimste zin van het woord. In die toestand is je helende invloed primair gericht op zijn, en niet op doen. Iedereen met wie je in contact komt, wordt geraakt door je aanwezigheid en beïnvloed door de vrede die je uitstraalt, of hij zich daar nu van bewust is of niet.

Als je volkomen aanwezig bent en mensen om je heen vertonen onbewust gedrag, voel je niet de behoefte erop te reageren, zodat je er geen werkelijkheid aan verleent. Je vrede is

zo enorm en diep dat alles wat zelf geen vrede is erin verdwijnt alsof het nooit had bestaan. Dat doorbreekt de karmische cyclus van oorzaak en gevolg.
Dieren, bomen en bloemen voelen je vrede en reageren erop. Je onderwijst door er te zijn, door de vrede van God te laten zien.
Je wordt 'het licht der wereld', een uitstraling van zuiver bewustzijn, en zo ban je het lijden uit op het oorzakelijke niveau. Je bant de onbewustheid uit de wereld.

## De wijsheid van overgave

De kwaliteit van je bewustzijn op dit moment is bepalend voor het soort toekomst dat je krijgt, en dus is overgave het belangrijkste dat je kunt doen als je positieve verandering wilt bewerkstelligen. Alles wat je verder doet is van ondergeschikt belang. Werkelijk positieve actie kan niet voortkomen uit een bewustzijnstoestand zonder overgave.
Voor sommige mensen heeft overgave misschien een negatieve gevoelswaarde; ze denken dan aan nederlaag, opgeven, de uitdagingen van het leven niet aankunnen, lusteloos worden, enzovoort. Werkelijke overgave is echter iets volkomen anders. Het betekent niet dat je je passief schikt in elke situatie waar je in belandt en er niets aan doet. Het betekent ook niet dat je geen plannen meer maakt of geen positieve actie onderneemt.

> Overgave is de eenvoudige maar tegelijk diepe wijsheid van meegeven met in plaats van je te verzetten tegen de stroom van het leven. De enige plek waar je de stroom van het leven kunt ervaren, is het

Nu, dus overgave betekent dat je het huidige moment onvoorwaardelijk en zonder voorbehoud accepteert.
Het houdt in dat je innerlijk verzet tegen wat is laat varen.

Innerlijk verzet is nee zeggen tegen wat is, door een mentaal oordeel en door emotionele negativiteit. Het wordt vooral duidelijk als 'het mis gaat', wat wil zeggen dat er een kloof is tussen de eisen of starre verwachtingen van je verstand en wat is. Dat is de kloof van de pijn.
Als je hier al wat langer bent, weet je wel dat het heel vaak 'mis gaat'. Maar juist op zulke momenten moet je overgave beoefenen als je pijn en verdriet uit je leven wilt bannen. Aanvaarding van wat is bevrijdt je onmiddellijk van de identificatie met je verstand en brengt je dus weer in contact met Zijn. Verzet is het verstand.
Overgave is een zuiver innerlijk verschijnsel. Het betekent niet dat je op het uiterlijke niveau niet in actie komt om de situatie te veranderen.
Eigenlijk hoef je niet eens de hele situatie te aanvaarden wanneer je je overgeeft, alleen maar het kleine deel ervan dat het Nu heet. Als je bijvoorbeeld ergens vastzit in de modder, zeg je niet: 'Goed, ik berust erin dat ik vastzit in de modder.' Berusting is niet hetzelfde als overgave.

Je hoeft een onwenselijke of onprettige levenssituatie niet te aanvaarden. Ook hoef je jezelf niet voor de gek te houden door te zeggen dat er niets mis mee is. Nee. Je realiseert je volkomen dat je eruit wilt komen. Dan vestig je je aandacht helemaal op

> het huidige moment, zonder daar een mentaal etiket op te plakken.
> Dat betekent dat je het Nu niet veroordeelt. Daarom is er ook geen verzet, geen emotionele negativiteit. Je aanvaardt de 'isheid' van dit moment.
> Dan kom je in actie en doe je alles wat in je vermogen ligt om uit de situatie te komen.

Dat is wat ik positieve actie noem. Het is veel effectiever dan negatieve actie, die voortkomt uit woede, wanhoop of frustratie. Zolang je het gewenste resultaat niet bereikt, blijf je overgave beoefenen door geen etiket op het Nu te plakken.

Laat me een visuele analogie geven om dit te verduidelijken. Je loopt 's avonds laat in de dichte mist op een pad. Maar je hebt een sterke zaklantaarn bij je die door de mist snijdt en een smalle, verlichte ruimte voor je maakt. De mist is je levenssituatie, waar heden en verleden deel van uitmaken; het licht van je zaklantaarn is je bewuste aanwezigheid; de lichte ruimte voor je is het Nu.
Als je je niet overgeeft, verhardt dat je psychische vorm, de schil van het ego, en het schept zo een sterk gevoel van afgesneden-zijn. Je gaat de wereld om je heen en vooral de mensen als bedreigend zien. Er komt een onbewuste drang bij je op om anderen door je veroordeling te vernietigen, maar ook de behoefte om te wedijveren en te heersen. Zelfs de natuur wordt je vijand en angst bepaalt je waarneming en je interpretatie van wat je ziet. De geestesziekte paranoia is slechts een iets acutere vorm van deze normale maar disfunctionele bewustzijnstoestand.
Niet alleen je psychische vorm wordt door dat verzet hard en

star, ook je stoffelijke vorm, je lichaam. Er treedt spanning op in verschillende delen van je lichaam en je hele lichaam trekt zich samen. De onbelemmerde stroom van levensenergie door je lichaam, van levensbelang voor een gezond functioneren daarvan, wordt ernstig beperkt.
Lichaamswerk en bepaalde vormen van lichaamstherapie kunnen deze stroom helpen herstellen, maar als je in het dagelijks leven geen overgave beoefent, kan zoiets alleen tijdelijke verlichting van de symptomen geven omdat de oorzaak – het patroon van verzet – niet opgelost is.
Er zit iets in je dat niet beïnvloed wordt door de voorbijgaande omstandigheden waaruit je levenssituatie bestaat, en alleen door overgave krijg je daar toegang toe. Het is je leven, je Zijn zelf, dat buiten je bestaat in het tijdloze rijk van het heden.

> Als je vindt dat je levenssituatie onbevredigend of zelfs onverdraaglijk is, kun je het onbewuste patroon van verzet waardoor die situatie blijft bestaan, alleen doorbreken als je je eerst overgeeft.

Overgave is volkomen verenigbaar met in actie komen, veranderingen in gang zetten of doelen bereiken. Maar in de toestand van overgave stroomt er een totaal andere energie, een andere kwaliteit in wat je aan het doen bent. Overgave brengt je weer in contact met de bronenergie van Zijn, en als wat je doet bezield is door Zijn, wordt het een vreugdevolle viering van levensenergie die je nog dieper in het Nu brengt.
Door je niet te verzetten wordt de kwaliteit van je bewustzijn en dientengevolge de kwaliteit van alles wat je doet of maakt onmetelijk veel groter. De resultaten zorgen dan voor zich-

zelf en geven ook blijk van die kwaliteit. We zouden dat 'handelen uit overgave' kunnen noemen.

> In de toestand van overgave zie je heel duidelijk wat je doen moet en kom je in actie. Daarbij doe je één ding tegelijk en concentreer je je op één ding tegelijk.
> Leer van de natuur: zie hoe alles gedaan wordt en hoe het wonder van het leven zich ontvouwt zonder ontevredenheid of ongelukkigheid.

Daarom zei Jezus: 'Kijk naar de lelies, hoe ze groeien, ze zaaien niet en maaien niet.'

> Als je situatie onbevredigend of onplezierig is, maak je er dan dit moment uit los en geef je over aan wat is. Dat is de lichtbundel die de mist doorklieft. Je bewustzijnstoestand wordt dan niet meer beheerst door uiterlijke omstandigheden. Je wordt niet meer bepaald door reacties en verzet.
> Kijk dan naar de details van de situatie. Stel jezelf de vraag: is er iets wat ik kan doen om de situatie te veranderen, te verbeteren of eraan te ontsnappen? Als dat het geval is, doe dan wat nodig is.

Concentreer je niet op de honderd dingen die je op een toekomstig moment misschien moet doen of doet, maar op het enige wat je nu kunt doen. Dat betekent niet dat je geen voorbereidingen moet treffen. Misschien kun je op dit moment wel alleen maar plannen maken. Maar pas wel op dat je geen 'mentale film' gaat afdraaien, jezelf in de toekomst projecteert en zo het Nu verliest. Wat je ook doet, het is niet zeker dat het meteen vrucht draagt. Maar tot het zover is moet je je niet verzetten tegen wat is.

> Als je niets kunt doen en je je ook niet kunt losmaken uit de situatie, gebruik de situatie dan om nog dieper in de overgave, nog dieper in het Nu, nog dieper in Zijn door te dringen.

Als je deze tijdloze dimensie van het heden binnengaat, treedt er vaak op vreemde manieren verandering op zonder dat je er zelf veel voor hoeft te doen. Het leven wordt behulpzaam en werkt met je mee. Als innerlijke factoren zoals angst, schuldgevoelens of traagheid je ervan weerhielden in actie te komen, lossen die op in het licht van je bewuste aanwezigheid.

Verwar overgave niet met de houding van ‘het kan me niet meer schelen’ of ‘het maakt me niets meer uit’. Bij nadere beschouwing blijkt zo’n houding niets anders te zijn dan negativiteit in de vorm van verborgen wrok. Het is dus helemaal geen overgave, maar gemaskeerd verzet.

Als je je overgeeft, moet je je aandacht naar binnen richten om vast te stellen of er nog een spoor van verzet in je is achtergebleven. Wees daarbij heel alert, want anders kan een verzetshaard zich in een donkere hoek blijven verbergen in de vorm van een gedachte of een niet onderkende emotie.

## Van verstandsenergie naar spirituele energie

> Begin met te erkennen dat er verzet is. Wees er als het gebeurt, als dat verzet bij je opkomt. Observeer

hoe je verstand het creëert, hoe het de situatie, jezelf en anderen een etiket opplakt. Kijk naar het gedachteproces dat daarbij een rol speelt. Voel de energie van de emotie.
Als je het verzet waarneemt, zie je dat het nergens toe dient. Als je al je aandacht op het Nu concentreert, wordt het onbewuste verzet bewust gemaakt, en dan is het afgelopen.

Je kunt niet bewust zijn en tegelijk ongelukkig, bewust en tegelijk negatief. Negativiteit, ongelukkigheid of lijden in welke vorm dan ook betekent dat er verzet is, en verzet is altijd onbewust.
Zou je ervoor kiezen ongelukkig te zijn? Als je er niet voor hebt gekozen, hoe kwam het dan bij je op? Wat is het doel ervan? Wie houdt het in leven?
Zelfs als je je bewust bent van je ongelukkige gevoelens, heb je je er in werkelijkheid mee geïdentificeerd en houd je het proces aan de gang door dwangmatig denken. Dat alles is onbewust. Als je bewust was, dat wil zeggen, volledig aanwezig in het Nu, zou alle negativiteit vrijwel onmiddellijk verdwijnen. Het kan niet overleven in je aanwezigheid. Het kan alleen overleven in je afwezigheid.
Zelfs het pijnlichaam kan niet lang overleven als je aanwezig bent. Je houdt je ongelukkigheid in leven door er tijd aan te geven. Dat is het levensbloed ervan. Haal de tijd weg door je heel sterk bewust te zijn van het huidige moment en zij gaat dood. Maar wil je wel dat zij doodgaat? Heb je er echt genoeg van? Wie zou je zonder die ongelukkigheid zijn?
Zolang je de overgave niet beoefent, is het spirituele iets om over te lezen, te praten, opgewonden over te raken, boeken

over te schrijven, over na te denken, in te geloven, of niet in te geloven, dat hangt van de persoon af. Het maakt niets uit.

Pas als je je overgeeft, wordt het spirituele een levende werkelijkheid in je leven.
Als je dat doet, heeft de energie die je uitstraalt en dan je leven leidt, een veel hogere trillingsfrequentie dan de energie van het verstand die onze wereld nu leidt.
Door overgave komt er spirituele energie in de wereld. Die schept geen lijden voor jezelf, voor andere mensen of voor andere levensvormen op deze planeet.

## Overgave in persoonlijke relaties

Het is waar dat alleen onbewuste mensen proberen andere mensen te gebruiken of te manipuleren, maar het is ook waar dat alleen onbewuste mensen te gebruiken en te manipuleren zijn. Als je verzet biedt of vecht tegen onbewust gedrag bij andere mensen, word je zelf onbewust.
Maar overgave betekent beslist niet dat je je door onbewuste mensen moet laten gebruiken. Absoluut niet. Het is heel goed mogelijk krachtig en duidelijk nee te zeggen tegen iemand of weg te lopen uit een situatie en op hetzelfde moment in een toestand van volkomen geen-verzet-bieden te verkeren.

Als je nee zegt tegen iemand of tegen een situatie, laat het dan niet uit een reactie voortkomen maar uit inzicht, vanuit een duidelijk begrip van wat op dat moment goed of niet goed is voor jou.

Laat het een niet-reactief nee zijn, een kwalitatief hoogstaand nee, een nee dat vrij is van elke negativiteit en zo geen verder lijden teweegbrengt. Als je je niet kunt overgeven, doe dan meteen iets: zeg iets of doe iets dat tot een verandering in de situatie kan leiden. Of ga weg. Neem de verantwoordelijkheid voor je leven op je.

Vervuil je prachtige, stralende innerlijke Zijn noch de aarde met negativiteit. Geef geen ruimte in jezelf aan ongelukkigheid in wat voor vorm dan ook.

Als je niets kunt doen, bijvoorbeeld als je in de gevangenis zit, kun je uit twee mogelijkheden kiezen: verzet of overgave. Gevangen zijn of innerlijk bevrijd zijn van uiterlijke omstandigheden. Lijden of innerlijke vrede.

Je relaties zullen door je overgave ingrijpend veranderen. Als je nooit kunt aanvaarden wat is, ben je bijgevolg ook nooit in staat andere mensen te nemen zoals ze zijn. Je beoordeelt andere mensen, bekritiseert ze, plakt ze een etiket op, wijst ze af of probeert ze te veranderen.
Daar komt bij dat als je voortdurend van het Nu een middel maakt om een doel in de toekomst te bereiken, je ook van ieder mens die je ontmoet of met wie je omgaat een middel maakt om een doel te bereiken. De relatie – die persoon – is dan van ondergeschikt belang voor jou of helemaal niet van belang. Wat je uit de relatie kunt halen komt op de eerste plaats – of dat nu materieel gewin, een gevoel van macht, lichamelijk genot of een vorm van streling van het ego is.

Laat me een voorbeeld geven van hoe overgave in relaties kan werken.

> Als je in een woordenwisseling of in een conflict verstrikt raakt, misschien met een partner of iemand die je na staat, begin dan met te observeren hoe defensief je wordt als je standpunt wordt aangevallen, of voel de kracht van je eigen agressie als je het standpunt van de ander aanvalt.
> Observeer je gehechtheid aan je opvattingen en opinies. Voel de mentaal-emotionele energie achter je behoefte om gelijk te hebben en de ander in het ongelijk te stellen. Dat is de energie van het ikzuchtige verstand. Je maakt die energie bewust door die te erkennen, door die zo volledig mogelijk te voelen.
> Dan besef je op een dag, midden in een discussie, dat je een keuze hebt, en je besluit je eigen reactie te laten varen – alleen maar om te zien wat er dan gebeurt. Je geeft je over.

Ik bedoel daarmee niet dat je je reactie laat varen door met zoveel woorden te zeggen: 'Ja, hoor, je hebt gelijk' terwijl je blik zegt: 'Ik sta ver boven deze kinderachtige onbewustheid.' Dan breng je je verzet alleen maar naar een ander niveau, het ikzuchtige verstand heeft dan nog steeds de leiding en eist de superioriteit op. Ik heb het over het laten varen van het hele mentaal-emotionele energieveld in jou dat aan het vechten was om macht.
Het ego is listig, dus je moet erg alert, erg aanwezig en volkomen eerlijk tegenover jezelf zijn om te kunnen zien dat je je identificatie met een verstandelijk standpunt werkelijk

hebt losgelaten en je zo van je verstand hebt bevrijd.

> Als je je opeens heel licht, helder en heel vredig voelt, is dat een onmiskenbaar teken van werkelijke overgave. Dan moet je eens observeren wat er gebeurt met de mentale stellingname van de ander als je die niet meer door je verzet van energie voorziet. Als de identificatie met mentale standpunten uit de weg is, kan de echte communicatie beginnen.

Geen-verzet-bieden betekent niet noodzakelijk dat je niets doet. Het betekent alleen maar dat 'doen' ontdaan is van reacties. Denk maar aan de diepe wijsheid die ten grondslag ligt aan de oosterse vechtsporten: bied geen weerstand aan de kracht van je tegenstander. Geef mee om te overwinnen.
Dat gezegd zijnde, is 'niets doen' als je in een toestand van intense aanwezigheid bent, een zeer krachtig middel om situaties en mensen te veranderen en te helen.
Het verschilt wezenlijk van inactiviteit in de gewone toestand van bewustzijn, of liever, onbewustheid, die voortkomt uit angst, inertie of besluiteloosheid. Het echte 'niets doen' houdt innerlijke geweldloosheid en intense alertheid in.
Anderzijds zul je, als actie werkelijk noodzakelijk is, niet meer vanuit je geconditioneerde verstand reageren, maar vanuit je bewuste aanwezigheid. In die toestand is je verstand vrij van concepten, inclusief het concept van geweldloosheid. Dus wie kan er voorspellen wat je zult doen?
Het ego gelooft dat je kracht ligt in het verzet, terwijl verzet je in werkelijkheid afsnijdt van Zijn, de enige plaats van werkelijke macht. Verzet is zwakte en angst die doorgaan voor kracht. Wat het ego ziet als zwakte, is je Zijn in zijn zuiver-

heid, onschuld en macht. Wat het ziet als kracht, is zwakheid. Het ego verkeert dus in een voortdurende toestand van verzet en speelt rollen om je 'zwakheid', die in werkelijkheid je kracht is, te verdoezelen.

Tot je je overgeeft, maakt onbewust rollenspel een groot deel van de interactie tussen mensen uit. Als je je overgeeft, heb je de verdedigingskunsten van het ego en zijn valse maskers niet meer nodig. Je wordt heel eenvoudig, heel echt. 'Dat is gevaarlijk', zegt het verstand. 'Je kunt je pijn doen. Je wordt kwetsbaar.'

Wat het ego natuurlijk niet weet, is dat je alleen door het laten varen van verzet, door 'kwetsbaar' te worden, je werkelijke en wezenlijke onkwetsbaarheid kunt ontdekken.

# 9. Gedaanteverwisseling door ziekte en lijden

## Ziekte omzetten in verlichting

Overgave is innerlijke aanvaarding van wat is, zonder enig voorbehoud. We hebben het over je leven – dit moment – en niet over de omstandigheden of toestanden in je leven, wat ik je levenssituatie noem.

Ziekte is een deel van je levenssituatie. Als zodanig heeft het een verleden en een toekomst. Verleden en toekomst vormen een ononderbroken continuüm, tenzij je de verlossende macht van het Nu activeert door je bewuste aanwezigheid. Zoals je weet, is er onder de uiteenlopende omstandigheden van je levenssituatie, die zich in de tijd bevindt, iets dat dieper, essentiëler is: je Leven, je Zijn in het tijdloze Nu.

Omdat er in het Nu geen problemen zijn, is daar ook geen ziekte. Je geloof in een etiket dat iemand op je toestand heeft geplakt, houdt die situatie in stand, geeft er kracht aan en maakt een schijnbaar concrete werkelijkheid van een tijdelijke onevenwichtigheid. Het verleent er niet alleen werkelijkheid en concreetheid aan, maar ook continuïteit in de tijd.

Als je je concentreert op dit moment en er niet mentaal etiketten op gaat plakken, wordt ziekte gereduceerd tot een van de volgende factoren: lichamelijke pijn, zwakte, ongemak of invaliditeit. Daar geef je je aan over – nu. Je geeft je niet over aan het idee van 'ziekte'.
Laat het lijden je dwingen het huidige moment in te gaan, een toestand van intense bewuste aanwezigheid te betreden. Gebruik het om de verlichting te bereiken.

Overgave verandert niet wat is, in elk geval niet direct. Overgave verandert jou. Als jij veranderd bent, verandert je hele wereld, omdat de wereld slechts een afspiegeling is.
De ziekte is het probleem niet. Jij bent het probleem – zolang het ikzuchtige verstand het voor het zeggen heeft.

Als je ziek bent of invalide, moet je niet gaan denken dat je op de een of andere manier gefaald hebt, hoef je je niet schuldig te gaan voelen. Verwijt het leven niet dat het je oneerlijk behandelt, maar maak jezelf ook geen verwijten. Dat is allemaal verzet.
Als je een ernstige ziekte hebt, gebruik die dan voor verlichting. Als er iets 'slechts' in je leven komt, gebruik dat dan voor verlichting.
Haal de tijd uit de ziekte. Geef er geen verleden of toekomst aan. Laat de ziekte je dwingen tot een intens bewustzijn van het huidige moment – en let op wat er dan gebeurt.

Je moet alchemist worden. Zet laagwaardig metaal om in goud, lijden in bewustzijn, een ramp in verlichting.
Ben je ernstig ziek en ben je nu boos om wat ik net heb gezegd? Dat is dan een duidelijk teken dat de ziekte een deel is geworden van je zelfbesef en dat je nu je identiteit verdedigt – en de ziekte ook.
De toestand die het etiket 'ziekte' draagt, heeft alleen niets te maken met wie jij in werkelijkheid bent.

Dus als er een ramp gebeurt of er gaat iets vreselijk 'mis' – ziekte, invaliditeit, het verlies van je huis, al je geld of een maatschappelijk bepaalde identiteit, het afbreken van een hechte relatie, de dood of het lijden van een geliefde – bedenk dan dat er ook een andere kant is, dat je maar één stap verwijderd bent van iets ongelooflijks: een volkomen alchemistische omzetting van het laagwaardige metaal pijn en lijden in goud. Die ene stap heet overgave.
Ik wil daarmee niet zeggen dat je in zo'n situatie gelukkig wordt. Dat word je niet. Maar de angst en de pijn worden omgezet in een innerlijke vrede en rust die uit een heel diepe plek voortkomen – uit het Ongemanifesteerde zelf. Het is 'de vrede van God, die het begrip te boven gaat'. In vergelijking daarmee is geluk een heel oppervlakkige ervaring.
Met deze stralende vrede komt het besef – niet op het niveau van je verstand maar uit de diepte van je Zijn – dat je onvernietigbaar en onsterfelijk bent. Dat is geen geloof. Het is de absolute zekerheid die geen uiterlijk bewijs uit een secundaire bron meer nodig heeft.

## Lijden omzetten in vrede

In bepaalde extreme situaties is het misschien nog steeds onmogelijk voor je om het Nu te aanvaarden. Maar je krijgt altijd nog een tweede kans als je je overgeeft.

> Je eerste kans is je op elk moment over te geven aan de werkelijkheid van dat moment. In de wetenschap dat wat is niet ongedaan gemaakt kan worden – omdat het er al is – zeg je ja tegen wat is of je aanvaardt wat er niet is.
> Dan doe je wat je doen moet, wat de situatie van je verlangt.
> Als je deze toestand van aanvaarding vasthoudt, schep je geen negativiteit, geen lijden en geen ongeluk meer. Je leeft dan in een toestand van geen-verzet-bieden, een staat van genade en lichtheid, bevrijd van strijd.

Wanneer je daartoe niet in staat bent, wanneer je die kans voorbij laat gaan – hetzij omdat je onvoldoende bewuste aanwezigheid kunt opbrengen om te voorkomen dat bepaalde tot gewoonte geworden en onbewuste verzetspatronen bij je opkomen, of omdat de situatie zo extreem is dat je die absoluut niet kunt aanvaarden – dan schep je een vorm van pijn, een vorm van lijden.
Het lijkt er misschien op dat de situatie het lijden veroorzaakt, maar ten diepste is dat niet zo – je verzet doet dat.

> Dan komt de tweede kans op overgave: als je niet kunt aanvaarden wat buiten je is, aanvaard dan wat

in je is. Als je de uiterlijke toestand niet kunt aanvaarden, aanvaard dan de innerlijke toestand.
Dat betekent: bied geen weerstand aan de pijn. Maak er ruimte voor. Geef je over aan het verdriet, de wanhoop, de angst, de eenzaamheid of welke vorm het lijden maar aanneemt. Kijk ernaar zonder er mentaal een etiket op te plakken. Omarm het.
Dan zul je zien hoe het wonder van de overgave het diepe lijden verandert in vrede. Dat is je kruisiging. Laat het je opstanding en hemelvaart worden.

Als je erg veel pijn hebt, komt al dat gepraat over overgave waarschijnlijk toch als onbeduidend en zinloos op je over. Als je erge pijn hebt, heb je waarschijnlijk een sterke behoefte om eraan te ontsnappen en wil je je er niet aan overgeven. Je wilt niet voelen wat je voelt. Wat kan er normaler zijn? Maar er is geen ontkomen aan, er is geen uitweg.
Er zijn veel pseudo-uitwegen, zoals werk, drank, drugs, woede, projectie, onderdrukking enzovoort, maar die bevrijden je niet echt van de pijn. Lijden wordt niet minder intens als je het onbewust maakt. Als je emotionele pijn ontkent, raakt alles wat je doet en denkt ermee besmet. Je zendt de pijn als het ware uit in de vorm van de energie die je uitstraalt, en andere mensen pikken dat subliminaal op.
Als zij onbewust zijn, voelen ze zich misschien zelfs wel gedwongen je aan te vallen of te kwetsen, of je kwetst hen in een onbewuste projectie van je pijn. Je trekt alles aan en manifesteert alles wat overeenkomt met je innerlijke toestand.

Als er geen uitweg is, is er altijd een weg doorheen.
Keer je dus niet af van de pijn. Zie hem onder ogen.

Voel hem helemaal. Voel hem – ga er niet over nadenken! Geef er uitdrukking aan als dat moet, maar ga er niet in je hoofd een draaiboek over maken. Geef al je aandacht aan het gevoel, niet aan de persoon, de gebeurtenis of de situatie die het veroorzaakt lijkt te hebben.
Geef het verstand niet de kans om de pijn te gebruiken om er een slachtofferidentiteit voor jezelf aan te ontlenen. Als je medelijden hebt met jezelf en andere mensen over je ellende vertelt, blijf je vastzitten in het lijden.
Omdat het onmogelijk is om te ontsnappen aan het gevoel, is de enige mogelijkheid voor verandering dat je het gevoel ingaat, anders verandert er niets.
Geef dus al je aandacht aan wat je voelt, maar plak er geen mentaal etiket op. Je moet heel alert zijn als je het gevoel ingaat.
In het begin vind je het waarschijnlijk een angstaanjagend en donker oord, en als je de drang voelt om je om te draaien, observeer die dan, maar geef er geen gevolg aan. Blijf met je aandacht bij de pijn, blijf het verdriet, de angst, de ontzetting, de eenzaamheid of wat het ook is, voelen.
Blijf alert, blijf aanwezig, aanwezig met je hele Zijn, met elke cel van je lichaam. Als je dat doet, breng je licht in de duisternis. Dat is de vlam van je bewustzijn.

In dat stadium hoef je je niet meer druk te maken over de overgave. Het is al gebeurd. Hoe dan? Volledige aandacht is volledige aanvaarding, is overgave. Door je hele aandacht te

geven, gebruik je de macht van het Nu, de macht van je aanwezigheid.
Geen enkele verzetshaard kan daarin overleven. Aanwezigheid heft de tijd op. Zonder tijd kunnen lijden en negativiteit niet overleven.

> Het aanvaarden van lijden is een reis de dood in. Erge pijn onder ogen zien, je aandacht erin brengen, is hetzelfde als de dood bewust ingaan. Als je deze dood gestorven bent, besef je dat er geen dood is, en dat je nergens bang voor hoeft te zijn. Alleen het ego sterft.

Stel je eens een straal zonlicht voor die vergeten is dat hij een deel is van de zon en zichzelf wijsmaakt dat hij moet vechten om in leven te blijven en een identiteit moet scheppen en zich daaraan moet vastklampen. Zou de dood van die zinsbegoocheling niet een ongelooflijke bevrijding zijn?

> Wil je een makkelijke dood? Zou je liever sterven zonder pijn, zonder kwellingen? Sterf dan elk moment voor het verleden en laat het licht van je aanwezigheid het zware, tijdgebonden zelf, waarvan je dacht dat 'jij' dat was, wegschijnen.

## De weg van het kruis – verlichting door lijden

De weg van het kruis is de oude weg naar de verlichting en tot voor kort was het de enige weg. Maar wijs hem niet af en onderschat de effectiviteit ervan niet. Hij werkt nog steeds.
De weg van het kruis is een complete ommekeer. Het bete-

kent dat het ergste dat er in je leven kan komen, je kruis, verandert in het beste dat je kan overkomen, door je tot de overgave te dwingen, tot de 'dood', door je te dwingen als niets te worden, als God te worden – want ook God is niet-iets.
Verlichting door het lijden – de weg van het kruis – komt erop neer dat je gedwongen wordt het koninkrijk van de hemel schreeuwend en schoppend binnen te gaan. Uiteindelijk geef je je over omdat je de pijn niet meer kunt verdragen, maar het kan heel lang duren voordat dat gebeurt.

> Bewust gekozen verlichting betekent dat je je gehechtheid aan verleden en toekomst laat varen en van het Nu het middelpunt van je leven maakt.
> Het betekent dat je ervoor kiest om in de toestand van aanwezigheid te verkeren in plaats van in de tijd.
> Het betekent ja zeggen tegen wat is.
> Dan heb je geen pijn meer nodig.

Hoeveel tijd denk je nog nodig te hebben voordat je kunt zeggen: 'Ik wil geen pijn, geen lijden meer creëren'? Hoeveel pijn heb je nog nodig voordat je die keuze kunt maken?
Als je denkt dat je meer tijd nodig hebt, krijg je meer tijd – en meer pijn. Want tijd en pijn zijn onafscheidelijk.

## De macht om te kiezen

Keuze veronderstelt bewustzijn – een hoge mate van bewustzijn. Zonder bewustzijn heb je geen keus. Kiezen begint op het moment dat je je losmaakt van de identificatie met je verstand en zijn geconditioneerde patronen, op het moment dat je aanwezig wordt. Tot je dat punt bereikt, ben je geestelijk gesproken onbewust. Dat betekent dat je gedwongen bent op bepaalde manieren te denken en te voelen, afhankelijk van de conditionering van je verstand.

Niemand kiest voor een gebrekkig functioneren, conflict of pijn. Niemand kiest waanzin. Zulke dingen gebeuren omdat er niet genoeg aanwezigheid in je is om het verleden op te lossen, niet genoeg licht om de duisternis te verjagen. Je bent niet helemaal hier. Je bent nog niet helemaal ontwaakt. En intussen leidt het geconditioneerde verstand je leven.

Net zo, als je een van de vele mensen bent die ruzie hebben met hun ouders, als je wrok koestert over iets dat ze wel of niet hebben gedaan, dan geloof je nog steeds dat ze een keus hadden, dat ze het anders hadden kunnen doen. Het lijkt altijd alsof mensen kunnen kiezen, maar dat is een illusie. Wat valt er eigenlijk te kiezen zolang je verstand met zijn geconditioneerde patronen het voor het zeggen heeft in je leven, zolang je je verstand bent? Niets, natuurlijk. Je bent er niet eens. De toestand van identificatie met het verstand is een ernstige storing. Het is een vorm van waanzin.

Bijna iedereen lijdt in bepaalde mate aan deze ziekte. Op het moment dat je je dat realiseert, is er geen plaats meer voor verwijten. Hoe kun je iemand zijn of haar ziekte verwijten? De enige passende reactie is mededogen.

Als je je door je verstand laat leiden, lijd je onder de gevolgen van je onbewustheid, ook al heb je daarin niets te kiezen, en zul je verder lijden veroorzaken. Je moet de last dragen van angst, conflicten, problemen en pijn. Het zo ontstane lijden zal je eens dwingen uit je toestand van onbewustheid te komen.

Je kunt jezelf of anderen niet werkelijk vergeven zolang je je zelfbesef ontleent aan het verleden. Alleen door toegang te krijgen tot de macht van het Nu, je eigen macht, is werkelijke vergeving mogelijk. Dat maakt het verleden machteloos, en je beseft heel diep dat niets wat je ooit hebt gedaan of je ooit is aangedaan, ook maar enigszins afbreuk kan doen aan de stralende essentie van wie je bent.
Als je je overgeeft aan wat is en zo helemaal aanwezig wordt, verliest het verleden al zijn macht. Dan heb je het niet meer nodig. Aanwezigheid is de sleutel. Het Nu is de sleutel.

Omdat verzet onlosmakelijk verbonden is met het verstand, betekent het laten varen van verzet – overgave dus – het einde van het verstand als je meester, de bedrieger die voorwendde 'jou' te zijn, de valse god. Alle oordelen en al je negativiteit verdwijnen.
Dan gaat het rijk van Zijn, dat door het verstand verduisterd was, open.
Opeens komt er een grote stilte in je op, een onpeilbaar gevoel van vrede.
En in die vrede is grote vreugde.
En in die vreugde is liefde.
En helemaal in de binnenste kern is het heilige, het onmeetbare, Dat waarvoor geen naam is.

# Literatuur

Eckhart Tolle, *De kracht van het NU*, Ankh-Hermes, Deventer 2001[2].

Eckhart Tolle, *The Power of Now Companion*, Namaste Publishing, 2000.
Zie ook de website www.namastepublishing.com.

Eckhart Tolle, Video: *Freeing Yourself from Your identification with Your Mind*, Namaste Publishing, Vancouver 2001.

James Allen, *As you think*, New World Library, Novato 1998.

Jack Hawley, *The Bhagavad Gita: A Walkthrough for Westerners*, New World Library, Novato 2001.

Deepak Chopra, *De zeven spirituele wetten van succes*, Altamira-Becht, Bloemendaal 2000.

Shakti Gawain, *Creatief visualiseren*, Ankh-Hermes, Deventer 2001[9].

*Een cursus in wonderen*, Ankh-Hermes, Deventer 2001[4].

DE KRACHT VAN HET
NU
50
inspiratiekaarten
voor meditatie
ECKHART TOLLE